सृजनात्मक और शान्तिमय जीवन के लिए शिक्षा

सृजनात्मक और शान्तिमय जीवन के लिए शिक्षा

देवी प्रसाद

राजकमल प्रकाशन

ISBN : 978-81-267-1819-1

मूल्य : ₹ 495

पहला संस्करण : 2009
दूसरा संस्करण : 2016
This book is printed on **Print on Demand** Technology : 2025

प्रकाशक : राजकमल प्रकाशन प्रा.लि.
1-बी, नेताजी सुभाष मार्ग, दरियागंज
नई दिल्ली-110 002

शाखाएँ : अशोक राजपथ, साइंस कॉलेज के सामने, पटना-800 006
पहली मंजिल, दरबारी बिल्डिंग, महात्मा गांधी मार्ग, प्रयागराज-211 001
1, अनमोल सोराबजी संतुक लेन, धोबी तलाव, मरीन लाइंस, मुम्बई-400 002

वेबसाइट : www.rajkamalprakashan.com
ई-मेल : info@rajkamalprakashan.com

SRIJNATMAK AUR SHANTIMAY JEEVAN KE LIYE SHIKSHA
by Devi Prasad

लेखक के दो शब्द

यह पुस्तक पहले अंग्रेज़ी भाषा में 2005 में प्रकाशित हुई थी। अंग्रेज़ी में इसका शीर्षक था, एज्यूकेशन फ़ॉर लिविंग क्रिएटिवली एंड पीसफुली।

रिपोर्ट लिखना, बैठकों, कार्यशालाओं और विद्यार्थियों की कक्षाओं के लिए सुझाव लिखना; शिक्षा, कला, अहिंसा आदि विषयों पर योजना निर्माण तथा लेख आदि लिखना प्रारंभ से ही मेरे कार्य का हिस्सा रहे हैं। इन विषयों में गुरुदेव रवीन्द्रनाथ ठाकुर व महात्मा गांधी से सम्बन्धित विषय भी काफ़ी मात्रा में होते थे। इसका कारण यह था कि मेरा प्रारम्भिक जीवन क्रमशः शान्तिनिकेतन और सेवाग्राम में उनके पास बीता था और बाद में भी मेरा समय उनके बारे में सोच-विचार करने में बीतता था। गांधीजी के सम्बन्ध में जो विषय मेरे सामने आते थे, वे थे—पैसिफ़िज़्म (शान्तिवाद), सत्याग्रह और रचनात्मक कार्य, युद्ध-विरोधी चिंतन और सैनिक सेवा जो दुनिया के अनेक देशों में अनिवार्य थी और जिसके बदले युवकों को सामाजिक सेवा करने की छूट थी। सबसे महत्त्वपूर्ण कार्य था—सेना की अनिवार्यता का विरोध। एक लम्बे समय तक यह काम मेरे अन्तर्राष्ट्रीय युद्ध प्रतिरोधी मंत्री होने के कारण, प्रमुखता रखता था।

इन सब प्रसंगों के कारण जो लेख लिखे, उन्हें एक दिन उलट-पुलट करते हुए मुझमें अपने उस काम के बारे में एक अजीब-सी भावना उत्पन्न हुई। मैंने देखा कि कुल मिलाकर डेढ़-सौ से भी अधिक लेख थे। साथ-साथ मुझे ऐसा महसूस हुआ कि ये लेख अन्य साथियों और अहिंसक कार्यकर्ताओं के सामने आने चाहिए। कुछ देखने-टटोलने पर ऐसा महसूस हुआ कि ये संख्या में इतने अधिक हैं कि इन्हें व्यवस्थित करना मेरे लिए कठिन होगा। मैंने सोचा कि मुझे यह सब भूल जाना चाहिए।

किन्तु मेरा मन शान्त नहीं हुआ। मैं अपने ऊपर दबाव डालता रहा कि मुझे कुछ करना चाहिए। मेरी पत्नी बिन्दु ने मेरी बहुत सहायता की। सारे लेख तरतीब से लगाए और मुझे इसमें लगा ही दिया। पहले हमने सब लेखों को सिलसिलेवार

लगाया और फिर प्रकाशक की खोज करने लगे। ऐसे प्रकाशक की जिसे इनमें कुछ रुचि हो।

अचानक एक मित्र ने लक्ष्मी रामेश्वर राव नाम सुझाया। मुझे खुशी हुई क्योंकि मुझे याद आया कि लक्ष्मी जी मुझसे पहले से ही परिचित थीं और ये मेरी पुस्तक ''बच्चों की कला और शिक्षा'' से भी परिचित थीं। इन्होंने एक और नाम सुझाया जो भाग्यवश अत्यन्त सौम्य और सहकारी डॉक्टर मित्र की पत्नी निकलीं–श्रीमती अनुरिता पाटिर।

बिन्दु और मैंने उन्हें इस काम के बारे में बताया। हमने लगभग 30 लेख चुनकर अलग कर लिए थे। स्वाभाविक ही था कि इन तीस लेखों में काफ़ी कुछ दोहराया गया था। वह इसलिए कि ये लेख अलग-अलग पत्रिकाओं, भाषणों और पुस्तकों के लिए लिखे गए थे। कुछ तो उनमें एक हद तक एक जैसे ही विषयों पर थे। उदाहरणार्थ एक विषय जो सत्याग्रह से सम्बन्धित था, उसका कुछ भाग दो-चार अलग-अलग पुस्तकों या पत्रिकाओं में था। एक दिन एक मित्र ने इस लेख संग्रह को उठाकर पढ़ा। पढ़कर उन्होंने कहा कि अमुक लेख में जो लिखा है, वह तो कोई पूरा विचार नहीं रखता। उसमें विषय के केवल एक ही भाग को दिखाया गया है, दूसरे भाग का क्या हुआ? मैंने उन्हें एक और लेख पढ़ने के लिए कहा। उन्होंने कुछ पढ़ने के बाद कहा, ''आहा, हाँ अब समझी कि पुस्तक का सम्पूर्ण रूप क्या है। पूरी पुस्तक पढ़ने के बाद ही विषय अच्छी तरह समझा जा सकता है।'' मैं मानता हूँ कि पढ़नेवाले को पूरी पुस्तक पढ़ने पर ही विषय की ठीक जानकारी मिल सकती है। यहाँ यह लिखने का उद्देश्य केवल इतना है कि मैं पाठकों से अनुरोध करूँ कि वे इसे पूरा पढ़ें, तभी इसके बारे में उन्हें जानकारी होगी। मैं इस काम में सहायता करने के लिए अनुरिता पाटिर को हृदय से धन्यवाद देता हूँ।

आज दुनिया काफ़ी प्रतियोगितावाली हो गई है, यह भौतिकवादी और मशीन की तरह हो रही है। इसके कारण अनेक समस्याएँ और प्रश्न भी खड़े हो गए हैं। इसी के कारण प्रश्न यह उठता है कि आखिर शिक्षा है क्या? उसका उद्देश्य क्या है? शिक्षा के प्रमुख अंग क्या होने चाहिए? इसका उत्तर खोजने से पूर्व मैं पूछूँगा, ''आज के बच्चे, आज की शिक्षा पाने के बाद किस प्रकार के सयाने बनेंगे? क्या वे इस भौतिक संसार के बारे में अधिक से अधिक जानकारी पाना चाहेंगे? ऐसी जानकारी जो जीवन को अधिक से अधिक आराम-तलब बनाए।'' दरअसल ज़रूरत तो यह है कि आज बच्चे और सयाने ऐसी शिक्षा पाएँ कि वे आपस में

एक-दूसरे के नज़दीक होने के साथ-साथ सारे समाज से जुड़ जाएँ। इस सबके साथ-साथ सारी मानव जाति एक होकर समता और आत्मीयता का जीवन बिताए। मेरा उद्देश्य तो यही है कि सभी भाई-बहनों से यह कहूँ कि अब ऐसा समय आ गया है कि वे और भी सूक्ष्मता और संवेदनशीलता के साथ जीवन बिताएँ।

इस पुस्तक के संपादन करने के लिए मैं अंजली देशपांडे को हार्दिक धन्यवाद देता हूँ। आशा है, वे इसे स्वीकार करेंगी।

आखिर में, मैं उन सभी साथियों और मित्रों के प्रति अपनी हार्दिक कृतज्ञता और स्नेह प्रकट करना चाहता हूँ जिनके संग-साथ से मुझे इन भावनाओं का अनुभव हुआ। उन सबको मेरा प्रणाम।

–देवी प्रसाद

प्राक्कथन

इस पुस्तक में ऐसी दृष्टि है जो अँधेरे कमरे में प्रकाश की किरणें फैलाती है। जैसे-जैसे आप इसे पढ़ते जाएँगे वैसे-वैसे ही इसकी व्याख्यात्मकता और प्रभावकारिता आपका ध्यान खींचेगी और आप सोचने लगेंगे कि क्यों हम शिक्षा पर कोई दूसरी पुस्तक खरीदें और पढ़ें। एक बार मैंने शिक्षाशास्त्र को अपना मुख्य विषय व कार्य मानकर चुना। इस विषय पर कितनी पुस्तकें और पत्रिकाएँ पिछले तीन दशकों में पढ़ीं, मुझे याद भी नहीं है। मेरा सौभाग्य था कि मुझे वर्षों तक शिक्षा प्राप्त करने के लिए बहुत अच्छे शिक्षक मिले किन्तु मुझे एक भी ऐसी संध्या याद नहीं है जिसने मेरा इतना ध्यान आकर्षित किया जितना कि देवी प्रसाद की पुस्तक में दी गई दलील ने किया।

वे कहते हैं कि वह आकांक्षा जो हमारे हिंसा प्रधान जगत को सुधारने का काम कर सकती है, उस कला और उद्योग को शिक्षा-पद्धति का केन्द्र बनाएँ। हम सौंदर्यबोध को इतना महत्त्व क्यों देते हैं? देवी प्रसाद का यह विचार उनकी उस आन्तरिक बूझ से सम्बन्ध रखता है जो तथाकथित आधुनिकतावाद के विकास से जुड़ा हुआ है। वे कहते हैं कि व्यक्ति की सृजनात्मकता का ख़ात्मा आज की शिक्षा-व्यवस्था के द्वारा हुआ है जिसने हमें अत्यन्त भयानक और अवसरवादी अवस्था में डाल दिया है। हमें इसका बोध विकसित या विकासशील सभी प्रकार के देशों में होता है। हमें इस अवस्था से छुटकारा पाने के लिए और आशा, आत्मविश्वास तथा प्रवीणता पाने के लिए आशावादी होना पड़ेगा।

मैं देवी प्रसाद की इस विचारधारा और आत्मविश्वास से तब से परिचित हूँ जब मैंने उनकी मूल हिन्दी पुस्तक ''कला : शिक्षा की बुनियाद'' पढ़ी थी। मैं उनके इस विश्वास से परिचित हूँ कि कलाशिक्षा, शिक्षा का मूल होने से समाज में सच्ची शान्ति का निर्माण होगा। उनके इस विश्वास के दो निम्नलिखित उद्गम हैं जिन्हें मैं भी जानता हूँ, गांधी और रवीन्द्रनाथ ठाकुर। देवी प्रसाद की विश्व दृष्टि और शिक्षा विचारधारा के साथ परिचित होने के बावजूद मुझे इस पुस्तक

के आखिरी तीन अध्यायों ने बड़ा चकित किया। आविर्भाविक क्षण तो तब आया जब उन्होंने बाइबिल की एक 'कथात्मक' कहानी की चर्चा की जिसमें कहा गया है कि जो मज़दूर आखिर में काम करने आया हो, उसे उतनी ही मज़दूरी मिलनी चाहिए जितनी किसी वरिष्ठ को मिलती है।

देवी प्रसाद ने बाइबिल की इस कथा का ज़िक्र किया जो हमारे आधुनिक विकेन्द्रीकरण का पर्दाफ़ाश करती है, यह कहकर कि हमारे समाज में जो सबसे नीचे तबके के लोग हैं, उनके लिए कुछ भी ऐसा बाकी नहीं रहता जिसकी कोई भी अहमियत हो। यह इसलिए क्योंकि निर्णय वे लेते हैं जो समाज के 'पिरामिड' की चोटी पर विराजमान हैं। इसलिए यह पुस्तक उस पिरामिड को धरती पर सीधा करने की कोशिश करती है। यह आधुनिकता की व्याख्या को भी बदलने का प्रयास करती है। यह कहना यथेष्ट होगा कि यह पुस्तक उन लोगों के लिए है जो हमारे संसार की चिन्ता करते हैं, केवल शिक्षा-व्यवस्था की नहीं। यह एक ऐसे अनुभवी इनसान के लम्बे अनुभवी कलाकार और शिक्षक के विचारों को दर्शाती है जो शान्तिवाद के प्रत्यक्ष काम में लगा हुआ था।

लेखक गांधी और रवीन्द्रनाथ की बात करता है और साथ-साथ मॉन्टेसरी, नील और अन्य ऐसे विचारकों की बात कहता है जिन्होंने बच्चों की शिक्षा पर गहरा काम किया और अपना जीवन पिछले दोनों महायुद्धों में ऐसे बिताया था कि आओ, हम दुनिया को युद्धों से मुक्त करें। मुझे उनके काम के महत्त्व पर पूरा विश्वास है और आशा है कि हमारी शिक्षा पद्धति उनके काम से अच्छी तरह प्रेरणा पाएगी। हमें स्वयं से पूछना चाहिए कि जो हम कर रहे हैं, वह हमारी समस्याओं का मुकाबला करने के लिए उपयुक्त है या नहीं। क्या हम जानते हैं कि समस्या क्या है?

—कृष्ण कुमार
संचालक, एन.सी.ई.आर.टी.

अनुक्रम

असली शिक्षा क्या है?

आत्मसम्मान और गुणात्मकता के साथ जीवन जीना

कुछ दिन हुए, मैंने एक प्रारम्भिक शिक्षा गोष्ठी में एक लेख प्रस्तुत किया था। हमारे देश की शिक्षा-व्यवस्था के बारे में वह महत्त्वपूर्ण था; विशेष तौर पर प्रारम्भिक शिक्षा के सिलसिले में। उसमें कहा गया था : "शिक्षा का अधिकार वह मानव अधिकार है, जो प्रत्येक सभ्य समाज में उनके सदस्यों के लिए एक बुनियादी अधिकार माना जाता है। यह स्पष्ट है कि एक आदर्श परिस्थिति में देश के सभी सदस्यों को न्यूनतम शिक्षा का इतना अधिकार हो जो न केवल आर्ट्स का ज्ञान दे, बल्कि शिक्षा को उस स्तर तक ले जाए जो उन्हें अपने पेट को आत्मसम्मान के साथ भरने और उन्हें अच्छे स्तर तक पहुँचा देने का काम करे।"

वैसे तो शिक्षा के बारे में कितने ही प्रश्न सामने आते हैं, पर सबसे महत्त्वपूर्ण आज यह है कि आखिर शिक्षा है क्या?

जैसे-जैसे मनुष्य-जीवन का तकनीकी स्तर ऊँचा होता जा रहा है और इसकी जानकारी औसत व्यक्ति तक पहुँच रही है, वैसे-वैसे यह प्रश्न भी अधिक महत्त्वपूर्ण होता जा रहा है। तकनीकी शिक्षित होने का मोह बढ़ता जा रहा है और शिक्षा-पद्धति की दिशा भी उसी ओर जा रही है। इसका प्रभाव प्रारम्भिक शिक्षा पर भी पड़ रहा है।

इस शिक्षा का उद्देश्य यह है कि व्यक्ति को 'टेक्नोलॉजी' और 'भौतिक ज्ञान' पिपासा की तरफ ले जाया जाए जिससे उन्हें अधिक पैसा कमाने की बुद्धि और तरीके मिलें और उनका जीवन अधिक आरामतलब हो सके। या ऐसा हो कि मनुष्य को भूकम्प से बचाने, ऊँची-ऊँची मंजिलें और आधुनिकतम मशीनें बनाने की शक्ति, आरामतलब जीवन बिताने की कला और उसका ज्ञान और विश्वास मिले।

हमारे शिक्षाविदों की यह कोशिश, कि मनुष्य को अधिक से अधिक आराम का जीवन बिताने के तरीके विकसित करने की शक्ति मिले, यह बात तो मेरी

समझ में आती है, परन्तु उसे ज़रूरत से अधिक महत्त्व देना और उसमें सारी शक्ति लगाना न तो मेरी समझ में आता है और न ही मुझे यह उचित लगता है। असल में यह नज़रिया मानव की आवश्यकताओं से अलग है, सच्चे शिक्षित मानव की उपेक्षा से बिलकुल दूर! ऐसा क्यों!

दिल और दिमाग़ की ख़्वाहिशें

इस 'ऐसा क्यों' का उत्तर यह हो सकता है कि शिक्षाविदों की नज़र मनुष्य की असली आवश्यकताओं की तरफ नहीं जा रही है; या फिर वे ऐसी शिक्षा को आवश्यक नहीं मानते जिसमें जानने और सीखने का महत्त्व हो—एक ऐसी प्रक्रिया जो दिमाग़ में सीधी या कंप्यूटर के माध्यम से जानकारी जमा करने से अलग है। मेरे विचार में तो यह प्रश्न प्रारम्भिक शिक्षा और उसके आगे की समस्याओं में सबसे अधिक अहमियत रखता है।

इस सिलसिले में यह जानना ज़रूरी है कि मनुष्य का दिमाग़ कैसे बना है और कैसे काम करता है। आम ख़याल तो यह है कि दिमाग़ ऐसी कार्यशाला है जो व्यक्ति की बुद्धिशक्ति और ज्ञान का विकास करे, उसे चारों तरफ की दुनिया की जानकारी दे, उसके जीवन बिताने के तरीकों का विकास करे और दूसरों से सभ्यता का व्यवहार करना सिखाए। आधुनिक शिक्षा इन्हीं शक्तियों का विकास करने पर ज़ोर देती है। इससे जीवन जीने लायक और आरामदेह बनता है।

दरअसल आधुनिक शिक्षा-पद्धति मानव के केवल दिमाग़ के सचेत हिस्से से सम्बन्ध रखती है, उसकी देखभाल करती है और उसकी तार्किक शक्ति का विकास करने का प्रयास करती है।

शिक्षा योजनाएँ हर देश में मानसिक शक्ति की खोज में रहती हैं। आज वे मनुष्य की उस शक्ति का विकास करने पर तुली हुई हैं जो मनुष्य की केवल तार्किक शक्ति का विकास करती है। वे हमारे उस अहंकारी दिमाग़ की मदद करती हैं जो आम बुद्धि और तर्क का ग़ुलाम है।

सार केवल यह है कि आज की शिक्षा केवल अलगाव पैदा करनेवाली ही रह गई है। वह आपसी आदान-प्रदान और प्यार को, सहकारिता को ख़त्म करनेवाली और प्रतियोगी बन गई है। जो शिक्षा एकता के विरुद्ध हो, मानव समाज को तोड़ने का काम करती हो, वह शिक्षा नहीं कहलाई जा सकती।

हमारे देश में बचपन से ही बच्चे में प्रतिस्पर्धा की भावना आ जाती है। इसका एक आम और साधारण उदाहरण देता हूँ। परीक्षा के नतीजों का विवरण सुनने

के बाद बच्चा स्कूल से वापस आता है तब पिताजी उससे पूछते हैं, "कितने अंक आए?" बच्चा कहता है कि उसके 65 प्रतिशत नम्बर आए जो सामान्य तौर पर अच्छे माने जाते हैं। पिताजी तब पूछते हैं कि उसके मित्र के कितने आए? अगर वे उनके बच्चे के नम्बर से अधिक हैं तो पिताजी उसकी खूब मरम्मत करते हैं और कहते हैं कि तुम्हारे उससे अधिक क्यों नहीं आए? यहाँ कसूर पिताजी का नहीं है, जितना हमारी शिक्षा-पद्धति का, जो बच्चे में प्रतियोगिता की भावना भरती है। यह उदाहरण तो बहुत सामान्य दर्जे का है। यह शिक्षा-पद्धति तो बालक को स्पर्धा, घृणा और धोखेबाजी का सबक सिखाती है और दिन-ब-दिन अधिक विनाशकारी और विभाजक होती जाती है।

दरअसल इस लेख के प्रारम्भ में जैसा कहा गया है, वही अधिक उचित और महत्त्वपूर्ण है। उसकी प्राप्ति आज की शिक्षा-पद्धति से बिलकुल अलग तरह की शैली की है। हमें मनुष्य के दिमाग़ और व्यक्तित्व का गहरा अध्ययन करना होगा और उस शिक्षा-पद्धति से बिलकुल हट जाना होगा जो उसके दिमाग़ के केवल सचेत भाग का ख़याल रखती है। हमें तो विद्यार्थी के सम्पूर्ण मानस का विकास करनेवाली, ज़िम्मेदारी, सहयोग और विश्वास का ज्ञान करानेवाली शिक्षा-पद्धति की आवश्यकता है।

मनुष्य का व्यक्तित्व सम्पूर्णता के साथ विकसित करने के लिए हमें ऐसा वातावरण बनाना होगा जिसमें स्वतन्त्रता और सहयोगिता हो, तभी वह समाज का एक ऐसा सदस्य होगा जो स्वयं में संतुष्ट होगा और साथ-साथ स्वकारिता से परिपूर्ण। ऐसे उद्देश्य के लिए हमें हमारी शिक्षा पद्धति को बदलना होगा और शिक्षा की शुरूआत बचपन से ही प्रारम्भ करनी होगी।

प्रकृति ही सच्ची शिक्षक है

एक शिक्षक होने के नाते मैंने शीघ्र ही अनुभव कर लिया था कि बच्चे को प्रारम्भ से ही प्रकृति के सन्तुलन और उसकी छंदमयता से परिचित कराना चाहिए, क्योंकि बच्चे का मानस शुरू से ही उसके लिए तैयार रहता है। इसके साथ-साथ मुझे यह भी विश्वास था, जैसा कि गुरुदेव रवीन्द्रनाथ ने अपने लेख 'माई स्कूल' में कहा है–"बालक के मस्तिष्क को इस तथ्य से भर देना चाहिए कि वह मानव संसार में जन्मा है जो उसके चारों तरफ सामंजस्य और सुस्वरता से जुड़ा हुआ है।"[1]

आज शिक्षा बालक के कंधों पर भार के तौर पर बैठी हुई है। उसे वहाँ से हट जाना चाहिए जिससे कि बालक का मस्तिष्क प्रकृति के कृपालु और

आनन्दमयी जगत और काल में रहे। क्या इस प्रकार का विकास ऐसी जगह हो सकता है जो चार दीवारों के अन्दर क्लासरूम के नाम से माना जाता है! कृपया मुझे इजाज़त दीजिए कि मैं अपने शान्तिनिकेतन के पहले महीने में हुए एक विद्यार्थी के तौर पर अनुभव को यहाँ बता सकूँ। शिक्षक के साथ बातचीत के समय प्रकृति-अध्ययन के विषय पर उन्होंने पूछा कि क्या मैं हमारे स्कूल के वृक्षों का नाम जानता हूँ? स्वभाविक ही वह बालक जो हफ्ते के छह दिन चार दीवारों से घिरी कक्षा में रोज के सात घंटे बिताता हो केवल एकाध वृक्षों से अधिक के नाम कैसे जानता होगा! शिक्षक महोदय ने सुझाया कि मैं पाठशाला के बालभवन में जाऊँ और वहाँ के किसी बालक के साथ दोस्ती कर लूँ। "उसको साथ लेकर तुम आश्रम में घूमों और उससे वहाँ के पेड़ों के नाम जानो।" मैंने दूसरे दिन वही किया। मेरे इस बालक मित्र ने मुझे पेड़ों के केवल नाम ही नहीं बल्कि उनके बारे में और बहुत कुछ सिखाया। मैंने अपने-आप से पूछा–असल में शिक्षित कौन है–मेरा यह दोस्त बालक या मैं–सत्रह साल का युवक जिसने हाईस्कूल पास करके इन्टरमीडियेट के पहले साल की शिक्षा भी प्राप्त कर ली है?

अपनी आत्मा को बचाने के लिए शक्ति

शिक्षा के विभिन्न अंगों के बारे में सोचते हुए मुझे मानव की प्रकृति और उसके अनेक अंगों का विचार आता है–प्राकृतिक, जन्मजात, पूर्वजी और आनुवंशिक अंगों का।

मैं इस बात पर ज़ोर देना चाहता हूँ कि हमारी दृष्टि और कुछ करने की इच्छा बुद्धिवाद के परे क्यों नहीं जाती?

इसका सार यह हुआ कि इस प्रकार के स्वभाव का निर्माण करने के लिए बच्चे को परिवार, पाठशाला और समाज का उचित वातावरण चाहिए। क्या आज के शिक्षा-शास्त्री उपरोक्त प्रश्नों और विचारों पर ध्यान देंगे?

सन्दर्भ

1. रवीन्द्रनाथ टैगोर, *माई स्कूल, ए टैगोर रीडर*, सम्पादक अमीय चक्रवर्ती, बीकन प्रेस, बॉस्टन, 1961, पृ. 218।

कला शिक्षा की बुनियाद

"बच्चे की कला में सबसे सुन्दर उसकी 'ग़लतियाँ' होती हैं। जितनी अधिक मात्रा में ये ग़लतियाँ होती हैं, उतना ही आकर्षक उसका काम होता है। जितना ही उसका शिक्षक उन्हें हटाने की कोशिश करता है, उतना ही बच्चे का काम फीका, निर्धन और व्यक्तित्वहीन हो जाता है।"

–फ्रांज चीज़ेक

केवल सयानों के नज़रिए से बच्चों की शिक्षा-व्यवस्था को नहीं देखना चाहिए क्योंकि शिक्षा पानेवाला तो बालक है, सयाना नहीं। बच्चे की दृष्टि बड़ों की दृष्टि से काफ़ी अलग होती है–इस तथ्य का ध्यान रखना ज़रूरी है। अगर बच्चा कुछ पसन्द करता है तो वह केवल आनन्द, सन्तोष, मान्यता और अनुमोदन पाने के लिए। उसका मन इस भावना से परिपूर्ण होता है कि जो काम तुम कर सकते हो, उसे मैं क्यों नहीं कर सकता। वह यह भी दिखाना चाहता है कि वह बड़ों के जैसा ही है। हाँ, हर बात में नहीं, पर कुछ चुने हुए मामलों में, जैसे कि अपनी खोज की वृत्ति में।

अनुभव के द्वारा सीखना

बच्चे की प्रवृत्ति हर समय खोज करने की होती है। प्रत्येक वस्तु उसका ध्यान आकर्षित करती है। वह उस वस्तु को देखकर, छूकर नया अनुभव प्राप्त करना चाहता है। वह जाँचना-परखना चाहता है। अगर उसे कुछ अच्छा लगता है तो उसे तब तक दोहराता रहता है जब तक उसका ध्यान किसी ऐसी नई चीज़ की ओर नहीं जाता जो काफ़ी मजेदार हो या नई चुनौती देती हो। अकसर ऐसी चीज़ें या मौके जो बच्चों का ध्यान खींचते हैं, उन पर अधिकतर बड़ों का ध्यान नहीं जाता।

इसका अर्थ यह हुआ कि दुनिया दो प्रकार की होती है–एक सयानों की और दूसरी बच्चों की और इन दोनों के विषय और पद्धतियाँ भी अलग होती हैं। इस बात का यह अर्थ नहीं है कि जिस चीज़ की ओर बच्चे का ध्यान खिंचता है,

वह सयानों को नहीं दिखती। वस्तु तो वही होती है, बल्कि तात्पर्य यह है कि उसका उपयोग, यहाँ तक कि उसका रूप और कोण जिससे वह देखी जा रही है, बच्चे के लिए अलग हो सकती है—और होती भी है।

यह बात इस उदाहरण से स्पष्ट हो जाएगी—एक बार मैं लालटेन की रोशनी में पुस्तक पढ़ रहा था। उन दिनों सेवाग्राम में सूर्यास्त के बाद वही रोशनी का स्रोत था। वही हमारे पास था। मेरा बेटा, जो तब दो साल का था, मेरे पास बैठा था। हठात् लालटेन बुझ गई और मैं खीझ गया लेकिन पास बैठा बालक खिलखिलाकर हँसने लगा। उसे बड़ा मज़ा आया। मुझे गुस्सा आया पर बालक को मज़ा। वस्तु वही थी और घटना भी वही। किन्तु दोनों पर प्रभाव अलग-अलग पड़ा। एक झुँझला गया और दूसरा आनन्दित हो उठा।

माँ-बाप जानते हैं कि छोटे बच्चे चीज़ें इधर-उधर करने में मज़ा लेते हैं। वे कीचड़ और रेत में खेलने में खुशी महसूस करते हैं। वे गंदे हैं या नहीं, इसका ख़याल उन्हें नहीं होता। हाँ, माता-पिता बच्चे को मरे हुए कीड़ों-मकोड़ों और मरे हुए केंचुओं को कुचलते, मारते देखकर परेशान हो जाते हैं। सच तो यह है कि बच्चों की सफ़ाई और गन्दगी, अच्छा-बुरा, सुन्दर-कुरूप मापने की दृष्टि बड़ों से कहीं अलग प्रकार की होती है। न वे कीमती और उपयोगी गुणों के बारे में सामाजिक स्तर का बोध रखते हैं और नहीं ही, उन्हें धार्मिक और आध्यात्मिक गुणों का बोध होता है। उन्हें इसका बोध भी नहीं होता कि ये सब करने का नतीजा क्या हो सकता है। उनकी तमन्ना बस यह होती है कि मज़ा कैसे लिया जाए। अगर बच्चों को कुछ करने में आनन्द आता है, कुछ खोज करने को मिलता है, तो वे उसी को दोहराते हैं।

हम यहाँ केवल कलात्मक कार्यक्रमों की ही चर्चा करेंगे—ख़ासतौर पर ड्राइंग और चित्रकला और उनसे सम्बन्धित विषयों की। हम यह जानने की कोशिश करेंगे कि बच्चों की वह ख़्वाहिश जो उन्हें खोज करने और आनन्द का अनुभव देती है, वह कैसे और कहाँ से आती है। यह तो तभी स्पष्ट हो जाता है, जब आप उनके सामने कागज़ और रंग रखकर कहते हैं—'बनाओ चित्र'। अधिकतर यह सुनते ही बच्चे कूद पड़ते हैं, कुछ संकोच करते हैं किन्तु वह आमतौर पर भीरुता के कारण ही।

अभी तो हम यह देखें कि बच्चे क्यों कला-प्रवृत्तियों की तरफ झुकते हैं और अपनी हार्दिक और मानसिक भावना को प्रकट करने में आनन्द लेते हैं। हम आशा करते हैं कि यह कोशिश माता-पिता और शिक्षकों को बच्चों के मानस को समझने में मदद देगी।

प्रकृति के साथ मित्रता

सृजनात्मकता बच्चे को सदा प्रकृति के पास ले जाती है। वह महसूस करने लगता है कि वह भी प्रकृति का एक अंग है। चाहे चेतन हो या अचेतन, वह कुदरत के अपने चारों तरफ होने का भान करने लगता है। इससे एक तो बच्चे की देखने की शक्ति का विकास होता है और दूसरा, चारों तरफ की दुनिया के बारे में समझ बढ़ती है। आँख की शक्ति शारीरिक शक्ति से सम्बन्धित होती है और इसके साथ-साथ उसका शैक्षिक और मनोवैज्ञानिक विकास भी होता है। इस प्रकार बच्चे का पहला विकास शारीरिक स्वास्थ्य से और दूसरा शिक्षा अनुभवों से सम्बन्धित होता है। इन दोनों का आपस में गहरा सम्बन्ध है और ये प्रवृत्तियाँ ज्ञान को भी बढ़ावा देती हैं।

जीवन का लावण्य और सुन्दरता

कला शिक्षा की एक और देन है—जीवन में लावण्यबोध का विकास। कला शिक्षा बालक के दिमाग़ और शरीर में छन्द और सामंजस्य पैदा करने का ऐसा काम करती है जिससे वे उसके जीवन का एक भाग हो जाती हैं।

प्लेटो ने लिखा है—"अच्छा साहित्य, अच्छा संगीत, आकार का सौन्दर्य और छन्द, ये सब अच्छे चरित्र के ऊपर निर्भर करते हैं। इससे मेरा यह मतलब नहीं कि दुनिया की जानकारी न हो, जिसे हम सभ्य तौर पर 'भलापन' कहते हैं, बल्कि वह बुद्धि जो सचमुच अच्छी विकसित हुई हो।" प्लेटो फिर पूछते हैं, "क्या यह सारे गुण और सारी शक्तियाँ ज़रूरी नहीं हैं कि जवान अपना जीवन अच्छे तरीके से बिताएँ?" वे स्वयं उत्तर देते हैं, "उन्हें यह समझना चाहिए। रेखांकन (ग्राफ़िक) में संतुलित गुण हैं। अन्य दस्तकारियों में भी गुण हैं। इस सबमें हमें सौन्दर्य और कुरूपता के दर्शन होते हैं। आकृति की कुरूपता और छन्दहीनता मनुष्य की उस कुरूपता जैसी है जो गंदी है और मनुष्य के सद्गुणों से भिन्न है।"[2]

कुछ करने का आनन्द

एक बढ़ई का बच्चा दो साल से भी छोटी आयु से अपने पिता को औज़ारों के साथ काम करते हुए देखता है। एक दिन वह एक हथौड़ी उठाता है और इधर-उधर पड़ी हुई चीज़ों को ठोंकता-पीटता है—शायद उसी तरह, जैसे वह अपने पिता को देखता है। क्या वह यह सोचता है कि वह कुछ बना रहा है? शायद

ही उसके दिमाग़ में कुछ ऐसी वस्तु हो। वह उन औज़ारों का उद्देश्य नहीं समझता, जैसे उसका पिता समझता है। तो भी औज़ारों का 'इस्तेमाल' करने और हाथ-पैर व शरीर को उसे काम में लगाने में मज़ा आता है। बच्चे की विभिन्न प्रवृत्तियाँ—शारीरिक, मानसिक तथा आध्यात्मिक उसे अलग प्रकार का अनुभव और संतोष देती हैं। बढ़ई के औज़ार, कागज़, कलम और रंग तथा कला के अन्य साधनों का इस्तेमाल अलग-अलग अनुभवों को जन्म देते हैं। साधनों का व्यवहार बच्चे को विभिन्न क्रियात्मक और रचनात्मक प्रवृत्तियों का भान कराता है।

सफलता की भावना

जब कोई चीज़ पूरी-पूरी बन जाती है तब बड़ों और बच्चों, सभी को बड़ा आनन्द और सफलता की भावना का अनुभव होता है।

औज़ार, मिट्टी और चित्रकला वगैरह के साधन देखकर बच्चों को एक तरह की ललकार मिलती है। वे चीज़ें कहती हैं, "आओ तो, जरा देखें, तुम हमसे क्या कर सकते हो? कुछ बना सकते हो?" बच्चा ऐसी ललकार को अनदेखा या अनसुना नहीं करता और वे साधन उठाकर कुछ न कुछ गढ़ देता है और कहता है—"देखा, मैंने कर दिया।" यह विश्वास कि—"मैंने कुछ कर दिखाया" बच्चे में आत्मविश्वास के बीज बो देता है। इसका एक मजेदार उदाहरण तो तब देखते हैं जब बच्चों के काम की प्रदर्शनी लगती है। तब वे अपने चित्र के सामने काफ़ी समय तक खड़ा रहकर अपने चित्र को सराहते रहते हैं। मैंने यह अनुभव बच्चों की अनेक प्रदर्शनियों में किया है। कई बार तो देखा कि कुछ बच्चे केवल अपने चित्रों को ही निरखते रहते हैं और कुछ को तो दूसरों से यह कहते सुना—"देखो, यह मेरा चित्र है, बड़ा अच्छा है न?"

बच्चे की भाषा

हालाँकि बच्चों को भाषा पर इतनी पकड़ नहीं होती कि वे अपने दिल की बात पूरी-पूरी कह सकें फिर भी वे उतनी और वैसी भाषा तो जानते हैं जो उनके दिल के भंडार में रहती है, उन्हें अपने अनुभव प्रकट करने में मदद करती है और अपनी कहानियाँ बता सकती है। असल बात तो यह है कि जो अनुभव और कहानियाँ उनके दिलों में हैं, वे अधिकतर उनके चाक्षुष अनुभव पर आधारित होती हैं।

उदाहरणार्थ—अगर कहानी में कोई पहाड़ी हो तो उसका चित्र मन में सांकेतिक रूप में बन जाता है, पहाड़ी शब्द के आधार पर नहीं। उन्हें तभी सन्तोष मिलता है जब उनके आन्तरिक अनुभव और भावना को आधार मिले। उनके मन में उस आकार का नाम न भी हो किन्तु वह अपने आकार से बच्चे की स्मृति में बैठ जाती है। उन्हीं के द्वारा वे अपनी कहानी कहते हैं इसलिए बच्चों का आत्मकथन शब्दों के द्वारा नहीं बल्कि मूर्ति-चित्र, ड्रामा के द्वारा प्रकट होता है। उन्हें इस प्रकार अपनी भावनाओं और अनुभवों को प्रकट करने में आनन्द और तृप्ति का अनुभव होता है।

विचारों का आदान-प्रदान

बड़े अपनी भावनाओं के प्रकटीकरण पर रोक लगा सकते हैं किन्तु बच्चों के लिए यह केवल कठिन ही नहीं बल्कि अस्वास्थ्यकर है। जब वे अपनी इच्छाओं, भावनाओं और विचारों को दूसरे को नहीं बता पाते तो शब्दों के बदले आकार, चित्रकला, नाटक, संगीत और नृत्य की भाषा उनके लिए स्वाभाविक और स्वतःस्फूर्त साबित होती है। शब्दों की भाषा उनके ऊपर लादी जाती है। यह तो सयानों के विचारों के आदान-प्रदान का माध्यम है। बच्चों के आत्मप्रकटन के लिए दृष्टि या दृश्य-शक्ति का इस्तेमाल करना उनकी पहली ज़रूरत होती है और यह बच्चों के व्यक्तित्व के विकास का और उनके आत्मविश्वास का रास्ता है।

नाटकीय पहलू

एक बच्चे ने मेरी चित्रकला की कक्षा में एक मोटरकार का चित्र बनाया। चित्र बनाते समय वह ऐसे पेश आता रहा जैसे कि वह कार चला रहा हो, मानो उसके हाथ मोटरकार के स्टियरिंग पर घूम रहे हों। मुँह से भी कार के हॉर्न की तरह आवाज़ निकालता रहा। बच्चों की कला के सिलसिले में मुझे महसूस हुआ कि वे भी बड़े कलाकारों की तरह तात्कालिक साधनों से तादात्मीयता का अनुभव करते हैं।

मेरा उद्देश्य यह नहीं है कि बड़े कलाकारों और बच्चों के काम में कोई फ़र्क नहीं है और न ही मैं कह रहा हूँ कि दोनों के बीच में विषय और उसके प्रति भावना में कोई भेद नहीं है लेकिन यह समझना चाहिए कि 'अबोध' होने के कारण

जो ज्ञान बालक के दिमाग़ में समा जाता है, वह आमतौर पर उसकी अबोधता के कारण वस्तुपरक नहीं होता। यह इसलिए कि बालक पर अभी तक सयानों के मूल्यों की दृष्टि की छाया नहीं पड़ी है।

कल्पना-शक्ति

इस बारे में बालक बड़ा प्रतिभाशाली होता है। उसकी कल्पना-शक्ति बहुत दूर दौड़ सकती है। बच्चे इस वृत्ति पर बहुत समय लगाते हैं—ख़ासतौर पर उन कहानियों पर, जो वे अपने माता-पिता और अन्य बड़ों से सुनते हैं और उन अनुभवों के कारण जो उनके मन में समा जाते हैं। उदाहरणार्थ, खेल-खेल में वे रेत के ढेर में एक सुराख़ बना लेते हैं और वह घर बन जाता है, पहाड़ी बन जाती है। कुछ पौधों की डालियाँ तोड़कर इधर-उधर घुसा दीं तो जंगल, फौज या मनुष्यों की भीड़, मोटरकार इत्यादि-इत्यादि रूप ले लेते हैं।

बड़ों को बच्चों के बनाए चित्र कीरम-काँटे दिखते हैं लेकिन उनके मन में अपनी बनाई हुई चीज़ें सूरज, चाँद, घर या जिसकी भी वे कल्पना करते हैं, बन जाती हैं। कलावृत्ति बालक की कल्पनाशक्ति को बढ़ाती है और अपने अनुभवों को दोहराने में मदद करती है।

आत्मप्रकटन

आत्मप्रकटन मनुष्य की एक आवश्यकता है और वह हमेशा जीवित रहती है। उन भावनाओं को प्रकट करने के लिए उसके पास कई तरीके हैं—कवि का कविता निर्माण, चित्रकार का चित्र बनाना, गायक का संगीत रचना। जैसे-जैसे भावनाएँ प्रकट होती हैं, वैसे-वैसे दूसरी भावनाएँ सामने आ जाती हैं। इन्हें भी प्रकट होना चाहिए। अगर किसी की कुछ भावनाएँ उचित ढंग से और ठीक समय पर बाहर नहीं आतीं तो वे बासी और प्राणरोधक हो जाती हैं जो व्यक्तित्व के लिए हानिकारक होती हैं। व्यक्ति के हृदय में जहाँ भावनाएँ वास करती हैं, वह एक ऐसे बर्तन की तरह होता है जिसे बार-बार साफ करके रखने की ज़रूरत होती है। अगर वह 'कचरा' अधिक समय तक बन्द रहेगा तो वह सड़ जाएगा और अनेक प्रकार की समस्याएँ पैदा करेगा। एक बात और है जिस पर ध्यान रखना ज़रूरी है कि उस बर्तन में, जब तक वह खाली न हो जाए, नया कुछ नहीं समा सकता।

वह केवल पहुँचा हुआ योगी ही हो सकता है जो अपनी भावनाओं पर नियंत्रण रखता है और उन्हें मिटा भी सकता है। हम साधारण व्यक्तियों के लिए आवश्यक है कि एक ऐसा रास्ता खोजा जाए, जो नुकसानदेह नहीं बल्कि हमारी भावनाओं को पूरा करने में समर्थ हो। इसी सिलसिले में कहा जाए तो यह समझना आवश्यक है कि योगियों के प्रयोग का रास्ता बच्चों के लिए व्यवहार में नहीं लाया जा सकता है। बच्चों मैं तो ऐसी प्रवृत्तियाँ जागरित करनी चाहिए जो उन्हें अपनी भावनाओं को प्रकट करना सिखाएँ।

इस प्रकार की सबसे स्वास्थकर प्रवृत्तियाँ कला-प्रवृत्तियाँ हैं। इनके द्वारा आनन्द का भान होता है और सृजनात्मक विषयों की जानकारी होती है। एक कला शिक्षक के नाते मुझे ख़ासतौर पर सात से ग्यारह साल के बच्चों के साथ काम करने में बड़ा आनन्द और आत्मसन्तुष्टि का अनुभव हुआ है। ख़ासतौर पर जब वे आकर मुझे अपने चित्रों के विषय और अपने अनुभवों का बारीकी से विवरण देते थे। जब नर्सरी के बालक आकर अपनी पाठशाला में बनाए कीरम-काँटों वाले चित्र दिखाते थे, तब तो अत्यन्त सुख का अनुभव होता था।

आक्रामक भावनाओं का निकास

यह कहना अतिशयोक्ति नहीं होगी कि यदि उग्रता समय पर मन से बाहर न निकले तो व्यक्ति और अधिक उग्र होकर कुंठित हो जाता है। अधिक कुंठित होने से उसकी उग्रता अपने और दूसरों के लिए बढ़ जाती है और हिंसा में बदल जाती है। यह उसे निष्क्रियता और आत्मविनाश की तरफ ले जाती है। शिक्षाविद् मानते हैं कि शिक्षा बच्चे के प्रारंभिक काल से ही उग्रता को पकड़ में रखती है। इसके कई प्रकार होते हैं जो प्रसंग और उग्रता के प्रकार पर निर्भर करते हैं।

इस सिलसिले में एक ऐसा उदाहरण दिया जा सकता है जो स्कूलों में, परिवारों में आमतौर पर पाया जाता है। सेवाग्राम की पाठशाला में एक ग्यारह साल का बालक था जिसमें ज़रूरत से ज्यादा ऊर्जा थी, इतनी कि वह छोटे बच्चों को मारता था, तंग करता था। स्कूल का वातावरण एक स्वसंचालित छात्रावास का था जिसे उन्होंने स्वयं चुनकर बनाया था। हर महीने शिक्षक और विद्यार्थियों के चुनाव के आधार पर कमेटी बनती थी जो स्कूल की व्यवस्था को देखती थी, स्कूल को एक आत्मनिर्भर आवासीय समाज की तरह चलाती थी। उसकी अपनी रसोई थी जिसमें बालक और शिक्षक मिलकर काम करते थे। अलग-अलग प्रकार के काम को अदल-बदल करके किया जाता था।

रसोई में ईंधन के लिए लकड़ी का प्रयोग होता था जिसे कुल्हाड़ी से टुकड़े-टुकड़े करके चूल्हे में इस्तेमाल किया जाता था। एक बार इस काम की ज़िम्मेदारी लेने के लिए उसी बच्चे को उत्साहित किया गया, यह सोचकर कि इससे उसकी उग्रता को प्रकट करने का मौका मिलेगा। काम तो कठिन था पर इस बच्चे ने दो और बच्चों को स्वयंसेवक के रूप में लिया। इस बच्चे ने बड़े आनन्द के साथ इस काम को किया और बड़ी जल्दी ही वह इस काम में माहिर हो गया। अपने 'चूल्हे के ईंधन' विभाग के 'मंत्री' की हैसियत से वह उस्ताद माना जाने लगा और बड़ा आनन्दित रहने लगा। उसकी हिंसा शक्ति को भी लकड़ी काटने और फाड़ने के द्वारा एक बड़ा कारगर रास्ता मिल गया। मन की शक्ति बढ़ी, साथ-साथ चित्र कला की कक्षा में राष्ट्रीय नायकों के चित्र भी बनाने लगा। बात यह है कि चित्रकला करने से बच्चों की उग्रता को एक सृजनात्मक रास्ता मिलता है। इसे उग्रतावृत्ति का दैवीकरण कहा जा सकता है।

एक प्रयोग

इस लेख में मैंने कला-प्रवृत्तियों के कुछ पहलुओं पर नज़र डालने की कोशिश की है और बालकों के उन अनुभवों का ज़िक्र किया है जो उनके आनन्द से सम्बन्ध रखते हैं। इन अनुभवों से वे आत्मविश्वास और उपलब्धि प्राप्त करते हैं। अब मैं अपने एक और प्रयोग का अनुभव बताना चाहता हूँ। प्रयोग बारह से चौदह साल के बच्चों द्वारा पुस्तकें लिखने और उन्हें प्रकाशित करने का था। यह प्रयोग अनेक प्रकार की मानसिक भावनाओं और उनकी कल्पनाशीलता से जुड़ा हुआ था।

एक दोपहर की क्लास में एक बच्चे ने, जो कला-प्रवृत्तियों में विशेष रुचि रखता था, एक प्रश्न पूछा जो उसे कई दिनों से सता रहा था। वह था : लोग पुस्तकें कैसे लिखते हैं? मैंने प्रश्न का उत्तर सरलता से समझाने की कोशिश की। मैंने कहा कि जब कोई इनसान कुछ कहना चाहता है और उसे खोलकर और विस्तार से बताना चाहता है तो वह उसे कागज़ पर लिख देता है। उसके बाद उसे होशियारी से ठीकठाक करके किसी प्रकाशक से पूछता है कि क्या वह इस पुस्तक को प्रकाशित करना चाहेंगे। अगर प्रकाशक को 'पुस्तक' पसन्द आती है तो वह उसे स्वीकार कर लेता है और पुस्तक की दर्जनों या सैंकड़ों कापियाँ छापकर बाज़ार में रख देता है।

वह बालक इस उत्तर से सन्तुष्ट नहीं हुआ क्योंकि उसका प्रश्न तो यह था कि पुस्तक को कैसे लिखते हैं। यह नहीं कि वह प्रकाशित कैसे की जाती है।

वह तो पुस्तक लिखने की विधि जानना चाहता था। मैंने उससे कहा कि अगर पुस्तक लिखनी है, किसी से कुछ कहना है या विस्तार से बताना है तो उसे वह उसी प्रकार लिख सकता है जैसे वह एक पत्र लिख रहा हो। उस बच्चे को सुझाव अच्छा लगा। उसने मुझसे कहा कि वह एक पुस्तक लिखना चाहता है। मैंने उसे सुझाया कि कल जब वह कला की कक्षा में आए तो इस बात को उठाए। वहाँ और भी बच्चे होंगे—क्या जानें और भी बच्चे पुस्तक लिखना चाहें।

अगले दिन जब कलावर्ग में सब बच्चे आ गए तो उसने तुरन्त वह प्रश्न उठाया और किसी भी अन्य चर्चा से पूर्व पिछले दिन की बात पर चर्चा करने का आग्रह किया। "लोग पुस्तकें कैसे लिखते हैं।" बिलकुल पिछले दिन की तरह चर्चा आरम्भ हुई जिसमें अधिकतर बच्चों ने बड़े उत्साह के साथ भाग लिया। पहले कभी भी उन्हें यह नहीं सूझा था। उन्हें यह तथ्य मालूम ही नहीं था कि पुस्तक वे भी लिख सकते हैं। मैंने सारी कक्षा से पूछा, "तुममें से कौन-कौन पुस्तक लिखना चाहेगा।" करीब-करीब सभी ने हाथ उठाया। मुझे कोई ताज्जुब नहीं हुआ। मैं जानता था कि जब असलियत सामने आएगी तब वह पुस्तक लिखने का ख़याल छोड़ देंगे।

अगला कदम था पुस्तक का विषय चुनने का। यह जरा और भी कठिन था—कइयों के लिए। क्लास में तेरह बच्चों में से छह ने आखिर निर्णय ले लिया। प्रोजेक्ट का काल पन्द्रह दिन का रखा गया। उन्होंने अपने-अपने विषय चुने। एक ने 'महाभारत', एक ने 'रामायण', तीसरे ने भगवान कृष्ण के बचपन की कहानी। और बाकी तीन ने कहा कि वे अपने प्रिय 'सन्तों' की जीवनी लिखेंगे—'मीराबाई', 'सखुबाई' और 'ज्ञानेश्वर'।

काफ़ी चर्चा के बाद तय हुआ कि वे शिक्षकों, गाँव के ज्ञानी व्यक्तियों से चर्चा करेंगे। वे जानकारी जमा करेंगे, शिक्षकों और साथियों के साथ बैठकर उनका सम्पादन इत्यादि करेंगे। उसे सुन्दर लिपि में लिखेंगे और जैसे हो सके अलंकृत करेंगे। सबने तय किया कि हर पुस्तक में उसके विषय पर कम से कम दस चित्र होंगे और सबकी प्रकाशित पुस्तकों की तरह जिल्द बनाएँगे। पुस्तक में विषय सूची, पृष्ठ संख्या इत्यादि सब होंगे। आखिर में पाठशाला में पुस्तकों का उद्घाटन करेंगे। हर लेखक को अपना-अपना 'स्टाइल' और 'डिज़ाइन' रखने की पूरी-पूरी छूट होगी। मेरी ज़िम्मेदारी केवल लेखक और प्रकाशक का साथ देने की होगी।

काम बड़ी मेहनत का रहा। रोज करीब-करीब बारह घंटे, पन्द्रह दिन तक काम किया। हाँ, यह सभी को बड़ा भाया। यह बड़ा शिक्षाप्रद काम भी रहा।

अब मेरी ज़िम्मेदारी थी कि बाकी शिक्षकों और कार्यकर्ताओं को यह आश्वासन दूँ कि इन विद्यार्थी लेखकों को 15 दिन का काम करने के लिए पूरी-पूरी छूट दी जाए। उन्हें यह भी छूट मिले कि जिनसे वे राय या मदद लेने के लिए आश्रम में या पास के गाँव में जाकर मिलना चाहें, उनके पास जाने की इजाज़त दी जाए। उन्हें अन्य कक्षाओं में भाग न लेने की भी छूट हो।

केवल इन छह बच्चों के लिए ही नहीं, सारी पाठशाला के लिए यह बड़ा ही निराला और महत्त्वपूर्ण अनुभव रहा। मेरे लिए तो यह एक सबसे बड़े अनुभव का मौका था। पन्द्रह दिनों तक यह बच्चे क्लास में, जो मेरे घर से लगी हुई थी, सुबह-सुबह आ जाते थे और सूर्यास्त तक काम में लगे रहते थे। यहाँ तक कि लगभग रोज ही मुझे ज़बरदस्ती उन्हें उठाकर शाम को छात्रालय में भेज देना पड़ता था। जब भी नाश्ते, भोजन वगैरह की घंटी बजती तब भी मुझे वही करना पड़ता था। कभी भी किसी को यह याद दिलाने की ज़रूरत नहीं पड़ी कि पन्द्रह दिन होनेवाले हैं या हो गए हैं।

सबसे अधिक कठिनाई उन तीन बच्चों को आई जो अपने 'कवियों' या 'लेखकों' की पुस्तक लिख रहे थे। रामायण और महाभारत की कहानियाँ तो सबके कानों और दिमागों में भरी थीं परन्तु सन्तों की कविताएँ और जीवन वृत्तान्त के लिए उन्हें काफ़ी नई खोज करनी पड़ी। वे यह अच्छी तरह जानते थे कि उन्हें इसके लिए बहुत मेहनत करनी पड़ेगी। आश्रम और पाठशाला के सदस्यों व शिक्षकों से भी काफ़ी मदद लेनी पड़ी।

ठीक पन्द्रह दिन में छह पुस्तकें प्रकाशित की गईं। एक लेखक ने तो जिल्द के पीछेवाले पन्ने पर 'हमारे प्रकाशन' कहकर सारी छह पुस्तकों का 'विज्ञापन' भी दे दिया। एक बच्चे ने बड़ी भाव भरी आवाज़ में मुझसे कहा, ''आज तक भी मैंने यह विश्वास नहीं किया था कि हमारी पुस्तकें इतनी अच्छी होंगी।'' दूसरे ने ज़ोर से चिल्लाकर कहा, ''हाँ, हमें तो यह विश्वास ही नहीं था कि पुस्तकें होंगी या कुछ और!''

शिक्षा का उद्देश्य : आनन्द

इस परियोजना की सबसे बड़ी उत्पत्ति थी बच्चों में आत्मविश्वास और अपनी छवि को सुन्दर बनाना। मेरे लिए इससे बच्चों की आन्तरिक दुनिया पर खिड़की खुली, बच्चों की दुनिया के दर्शन हुए और उनकी आन्तरिक शक्ति के दर्शन हुए। उन्होंने यह साबित किया जो अनेक सयानों की हिम्मत के बाहर की चीज़ थी। इन बच्चों

के आत्मचित्रों का बड़ा स्वस्थ विकास हुआ। मैं जानता ही था कि कला मनुष्य के स्वज्ञान को बढ़ावा देती है। मैं यह भी जानता था कि आत्मप्रकटन आत्मज्ञान का विकास करता है लेकिन यह प्रयोग मुझे आत्मप्रकटन की जितनी गहराई तक ले गया, उसकी मैं कल्पना भी नहीं कर सकता था। जब एक बालक को यह जानकारी हो जाती है कि उसके भीतर सृजनात्मकता का बड़ा स्रोत है, उसका आत्मविश्वास और सौन्दर्य की तरफ बड़ा झुकाव हो जाता है और तब वह हिम्मत भी हासिल कर लेता है।

सृजनात्मक प्रवृत्तियों के द्वारा जो अनुभव उन्हें मिलते हैं, वे उन पर गहरा असर डालते हैं। कला के प्रति रुचि उनके आनन्द का स्रोत बन जाती है। अगर शिक्षकों को यह विश्वास हो जाए कि 'आनन्द प्राप्ति' शिक्षा का मुख्य उद्‌देश्य है तो कला-शिक्षा स्वाभाविक ही शिक्षा की बुनियाद हो जाएगी।

सन्दर्भ

1. फ्रांज चीज़ेक, विलहैलूम वियोला की 'चाइल्ड आर्ट' नामक पुस्तक से, युनिवर्सिटी ऑफ लन्दन प्रेस लि., लन्दन, 1945, पृ. 33।
2. प्लेटो 'द रिपब्लिक' पैंग्विन बुक्स, 1995।

विकास के बीज

बच्चे की दुनिया वैसी नहीं है जैसी सयानों की

शुरू में ही मैं सब शिक्षकों और शिक्षाविदों से यह निवेदन करना चाहता हूँ—कृपया बच्चे को एक बौना प्रौढ़ मत समझिए।

एक रविवार की सुबह हम लोहे की बालटी में कपड़े धो रहे थे। हमारा छोटा बेटा पास में ही खेल रहा था। दूसरी एक बालटी भी कपड़ों से भरी थी। उसने सहसा तय किया कि वह भी कपड़े धोएगा और माँ की तरह उस बालटी के कपड़े धोने लगा। हमने देखा कि वह कपड़े धोने के काम में पूरे मन से लग गया है। बालटी करीब-करीब उसकी ही ऊँचाई जितनी थी। अगले दिन हम बाज़ार गए और एक खिलौने वाली बालटी खरीद लाए। हम दोनों (माता-पिता) बहुत खुश थे, यह सोचकर कि अब हमारा लाड़ला सुविधा के साथ 'कपड़े धो सकेगा'। हमने देखा कि वह उस बालटी को खुशी से इधर-उधर से घुमा-घुमाकर देख रहा है। हमने महसूस किया कि वह उसे काफ़ी पसन्द आई। कुछ देर बाद उसने उस 'खिलौने' को एक तरफ रख दिया।

अगले रविवार को जब कपड़े धोने का समय हुआ तब हम उस बालटी में एक छोटा-सा कपड़ा डालकर साथ ले गए। वह एक रूमाल था और हमने सोचा था कि हमारा यह नन्हा-मुन्ना प्यारा बच्चा अब आसानी से 'कपड़े' धो सकेगा। हमें असमंजस हुआ और साथ-साथ 'निराशा' भी जब उसने उस बालटी को हाथ भी नहीं लगाया बल्कि अपनी माँ की बालटी के पास गया और 'कपड़े' धोने का काम करने लगा। जो बालटी उसके माता-पिता इतने शौक से उसके लिए लाए थे, उसे उसने छुआ तक नहीं।

इससे मुझे पहली बार यह अनुभव हुआ कि जो खिलौने माँ-बाप अपने बच्चों के लिए लाते हैं, वे उनके अपने सुख और सन्तोष के लिए होते हैं। उन खिलौनों का कोई भी रिश्ता बालकों के जीवन से नहीं होता। मेरी समझ में आ गया कि बच्चे 'खेलते' नहीं हैं, वे कुछ 'करते' हैं, बिजली और कंप्यूटर आदि मशीनी

खिलौनों के विषय में मेरी राय भिन्न है, वे बिलकुल अलग जाति के होते हैं। वे ज़रूर सयानों के जीवन से सम्बन्धित होते हैं—चाहे वे खिलौने के रूप में ही बनाए गए हों।

शिक्षा योजना बनाते समय, चाहे वह किसी प्रकार की हो, शिक्षा-शास्त्री को बच्चे की दुनिया में झाँकना चाहिए। बच्चों की दुनिया में प्रवेश करना सयानों के लिए मुश्किल होता है। हालाँकि हम सभी बच्चों की दुनियावाली अवस्था से गुज़र चुके हैं, तो भी या तो हमें याद नहीं रहता या फिर हम याद रखना नहीं चाहते कि अपने उस बीते काल में हम जितना चाहते थे उतना समय हमें अपनी दुनिया में बिताने नहीं दिया गया।

पिछले कई दशकों, बल्कि दो शताब्दियों से शिक्षा की योजना का चरित्र बिलकुल भौतिकवादी या बुद्धिसंगत हो गया था। शिक्षाविद, शिक्षक और यहाँ तक कि माता-पिता भी अपने बच्चे को आज के वातावरण में, आज के मूल्यों के ढाँचे में ढालना चाहते हैं। वे उससे कहते हैं कि—''मेरे बच्चे, तुझे आज की दुनिया में रहना है इसलिए वह समझने का प्रयत्न करो जो तुम्हें इस दुनिया में रहने की शक्ति और ज्ञान दे। तुम्हें इस जीवन में कुछ प्राप्त करना है।'' माँ-बाप शायद यह नहीं कहेंगे कि ज़रूरी लगे तो जो शिक्षा चाहिए, वह लो। उनकी हार्दिक इच्छा तो यही रहती है कि बच्चा शीघ्र बड़ा हो जाए।

बच्चों के आत्मसम्मान का भान और उनके प्रति हमारा सम्मान

मैं एक और पहलू की ओर पाठकों का ध्यान खींचना चाहता हूँ। हमारी पाठशाला की एक बच्ची मालू 15 साल की थी और सीखती धीरे-धीरे थी इसलिए शिक्षक उसकी उपेक्षा भी करते थे। वह मेरी कक्षा में आई तो मैंने उससे पूछा कि 'क्या तुम चित्र बनाओगी? मैंने ज़ोर नहीं डाला। उससे और छात्रों की तरह पेश आता रहा। जल्दी ही वह बहुत अच्छे चित्र बनाने लगी। कक्षा में और बच्चों के साथ मिलकर काम करने से उसका उत्साह बढ़ गया। यहाँ एक अनुभव और दृष्टव्य है—सेवाग्राम की पाठशाला भारतीय बुनियादी संघ का एक प्रमुख भाग थी। उस शिक्षा के सारे प्रारम्भिक प्रयोग यहीं हुए थे। संघ के सबसे ऊँचे अधिकारी डॉ. ज़ाकिर हुसैन थे। कार्यकारिणी की सभी सभाओं में वे आते थे और जिस घर में मैं रहता था, उसी में मेरे साथ रहते थे।

ज़ाकिर साहब स्वयं एक उच्चतम श्रेणी के शिक्षक थे और बच्चों की चित्रकला के काम को बड़ा पसन्द करते थे। ज़ाकिर साहब हमेशा उस बालिका

के बारे में पूछते थे। "वह हमारी कलाकार कैसी है?" मैं हमेशा मालू को बुलाकर उनसे मिला देता था। एक दिन उन्होंने मालू से पूछा, "तुम्हारे गुरुजी तुम्हें कैसा सिखाते हैं?" निराशा भरी आवाज़ में मालू ने कहा, "गुरुजी तो कुछ भी नहीं सिखाते।" यह सुनकर मेरे आनन्द का ठिकाना नहीं रहा। मैं हमेशा मानता और चाहता रहा हूँ कि 'सिखाने' जैसी क्रिया मेरे जीवन में कभी प्रवेश न करे। मालू जब वहाँ से चली गई तब ज़ाकिर साहब ने बड़ी भद्रता के साथ मुझे कहा : "देवी भाई, इससे बड़ी तारीफ तो और कुछ नहीं हो सकती।"

मालू ने हमारी (ख़ासतौर पर कला विभाग की) शिक्षा-पद्धति पर जो टीका की उसका मतलब बड़ा गहरा था और मेरे लिए सबसे बड़ा आत्मविश्वास देने वाला।

बच्चों का अपने वातावरण के साथ सम्बन्ध बड़ा सीधा-सादा होता है। इसका आधार होता है शुद्ध खोज और जानकारी पाने की आकांक्षा। वे जीते हैं सफलता की प्राप्ति के लिए। उनकी सहज वृत्ति वातावरण के साथ सम्बन्ध बनाकर उन्हें यह महसूस कराती है कि उनकी दुनिया बड़ों की दुनिया से अलग है। हालाँकि वे प्रकृति से अलग नहीं हैं तो भी हर बच्चे की अपनी दुनिया अलग होती है। कुछ ही सयाने उसे जान सकते हैं। कुछ शिक्षा-शास्त्री ऐसे होते हैं जो उसे उन खिड़कियों से देख सकते हैं जो उन्हें स्वयं बच्चों से मिली हों।

शिक्षा क्या है?

शिक्षा क्या है? हम दो माताओं का उदाहरण लें। हर माँ अपने बच्चों की सुरक्षा का गहरा ख़याल रखती है। एक माँ अपने बच्चे को झूलने या 'प्ले पेन' में रखती है। जब रसोई में काम कर रही होती है तो उसे अग्नि के पास नहीं जाने देती है। मैं इस प्ले पेन को पिंजरा कहता हूँ। दूसरी माँ उसे स्वतन्त्र रखती है लेकिन हर क्षण उस पर नज़र रखती है। यहाँ तक कि वह बालक को चूल्हे के पास भी आने देती है। उसने चूल्हे के चारों ओर जाली लगाई हुई है जिससे कि बच्चा सीधा आग से हटकर स्वतन्त्रता के साथ रहे। पहली माँ बच्चे को ज़रूरत से ज्यादा गर्मी से बचाना चाहती है, वह असहाय है यह अनुभव देना चाहती है, लेकिन सम्भावित खतरे से दूर रखती है। दूसरी माँ सावधान होने के साथ-साथ जन्म से ही शिक्षक है।

अच्छी शिक्षा पाने के लिए बच्चों को सृजनात्मक कार्य करने के मौके मिलने चाहिए। बच्चे का सम्पूर्ण विकास करने के लिए, उसे ऐसे नए-नए मौके देने

चाहिए जिससे वे अपने अनुभवों और प्रतिक्रियाओं के साथ भावात्मक प्रतिक्रिया को भी प्रकट कर सकें। साथ-साथ उन्हें सम्भावित ख़तरों और जानलेवा प्रेरणा से दूर रखा जाए और उनकी पूर्ण रक्षा की जाए।

सहयोग और मैत्री

बच्चों की कला की दुनिया में सहयोग और मित्रता की भावना की आवश्यकता है। किसी प्रकार की भाषणबाजी इस प्रकार का विकास बच्चों के स्वभाव में नहीं ला सकती। आधुनिक शिक्षा-व्यवस्था ने इसे उलटी तरह से देखा है। यह शिक्षा, विभाजन करनेवाली है, मेल-मिलाप करनेवाली नहीं। इस सिलसिले में अपने एक प्रयोग का अनुभव बताना चाहता हूँ। हमारे बच्चों की एक टोली को चार फुट के कागज़ पर सामूहिक रूप से एक चित्र बनाने के लिए कहा गया। कागज़ चार फुट चौड़ा और छह फुट लम्बा बनाया गया। चार रंगों की चार कटोरियाँ रखीं गईं। उनमें अच्छी तरह मिलाकर चार रंग डाले गए, दो ब्रश, एक छोटा एक बड़ा दिए गए। सात बच्चे थे—दस और बारह वर्ष के बीच के। मैंने भी टोली में भाग लिया। टोली का हर सदस्य अपनी बारी में किसी भी आकार का केवल एक स्ट्रोक लगा सकता था। अगर ब्रश किसी कारण कागज़ से हट जाए तो अगले कलाकार की बारी आ जाती थी।

पहला कलाकार स्वाभाविक ही यह तय न कर पाया कि प्रारम्भ कैसे करे। उसने कागज़ के ऊपर बड़े ब्रश से एक बड़ा दाग लगा दिया। दूसरे कलाकार को छूट थी कि वह उसी दाग को कोई आकार देने की कोशिश करे या नया निशान लगाए। अच्छा हुआ कि उसने ब्रश ऐसे इस्तेमाल किया कि जैसे वह मनुष्य का चेहरा हो। इसके कारण गाड़ी आगे चल पड़ी। दो घंटे के बाद हमारे सामने एक बड़ा चित्र बन गया और हरेक के चेहरे पर कितने आनन्द के भाव! जैसे कि एक बड़ी उपलब्धि हो गई हो। सभी एक-दूसरे की तारीफ कर रहे थे—एक नए प्रकार का प्रयोग और उत्पत्ति।

इस प्रयोग ने बालक के स्वभाव के एक-दूसरे पहलू का दर्शन कराया। आमतौर पर बच्चों के स्वभाव में 'नार्सीसिज़्म' होता है। इस कक्षा में हम हमेशा बच्चों के चित्रों की प्रदर्शनी लगाते थे। मैं देखता था कि अनेक बालक अपनी-अपनी तस्वीरों के सामने खड़े होकर उसे निहारते रहते थे और अपने-आप ही अपनी तारीफ करते थे। मुझे पुरानी पेंटिंग की याद आई। नार्सीसस एक तालाब पर चट्टान के ऊपर बैठा है और नीचे पानी में अपनी छाया को

देख रहा है। मुझे लगता है कि समाज में उन्हें स्थान मिले, इसके बारे में बच्चे उत्सुक रहते हैं।

आखिर में एक दूसरी ओर आपका ध्यान खींचूँगा। मानसिक विकास सम्पूर्ण व्यक्तित्व के एक-दसवें भाग को ही मदद करता है बाकी नौ भाग बिना 'रहे' ही रहते हैं। अगर व्यक्ति के पूरे व्यक्तित्व को खिलाना है तो उसके नौ भाग को खिलाने के रास्ते ढूँढ़ने पड़ेंगे और इसके बीज तो बचपन में ही बोने पड़ेंगे।

बच्चे की दुनिया को देखने की खिड़की

बच्चे की कला के प्रति सम्मान

बच्चों की कला उनकी दुनिया को देखने की एक 'खिड़की' है। बच्चों की दुनिया की इस खिड़की में बरसों तक झाँकने के कारण मुझे एक नई दुनिया का दर्शन हुआ। यह दुनिया सयानों की दुनिया से अलग प्रकार की है। बिना उचित ज्ञान के बच्चों की इस दुनिया को सयानों के लिए समझना बड़ा कठिन है।

बहुत से लोग यह समझते हैं कि बच्चा किसी वस्तु के तीन आयामोंवाले रूप को समझता नहीं है और उसे दो आयामों में नहीं देख पाता इसलिए वह असलियत का दर्शन नहीं कर पाता। आम इनसान यह मानता है कि पेटिंग करने के लिए वस्तु के तीन आयामों को समझना ज़रूरी है। "आखिर बच्चों को भी एक दिन सयाना होना है इसलिए उन्हें भी सयानापन पाने के लिए सयानों की तरह देखना-सीखना चाहिए।" दूसरे शब्दों में कहा जाए तो हमें बच्चों को भी बड़ों की तरह देखना-सीखाना चाहिए। मैं समझता हूँ कि इस प्रकार की दलील में बालक के प्रति कोई इज्ज़त नहीं है और वह यह भी दिखाती है कि इसमें कोई उचित शैक्षणिक नज़रिया भी नहीं है।

मेरी सूझ ने यह बताया है कि बच्चे के विकास को समझने के लिए एक अन्य प्रकार के दर्शन की आवश्यकता है। विशेषज्ञ शायद इसे 'रोमांटिक' कहेंगे या अनुभवहीनता। लेकिन मेरा तो यह विश्वास है कि अगर बच्चे को अपनी दुनिया में स्वतन्त्र व स्वस्थ वातावरण में रहने दिया जाए और विकास की अपनी ही सीढ़ी से ऊपर चढ़ने दिया जाए तो वह सयानेपन के लिए कहीं अधिक बेहतर तैयार हो सकेगा। एक अच्छे सन्तुष्ट माहौल में बड़ा हुआ यह 'सयाना' दुनिया का सामना अधिक होशियारी और शक्ति से कर पाएगा। उसे मानसिक रुकावटों का कम से कम मुकाबला करना पड़ेगा।

इसके साथ-साथ बच्चों की कला का और उनके उस सौन्दर्यबोध का भी प्रश्न आता है जिसे सयाने 'असली' सौन्दर्यबोध मानते हैं। कुछ नामी शिक्षाशास्त्री, जो

शैक्षणिक विकास के विशेषज्ञ माने जाते हैं, बच्चों की कला को भी उसी मापदंड से तोलते हैं जिससे वे बड़ों की कला को तोलते हैं। इनमें से अनेक यह भी मानते हैं कि दोनों में भेद है और कुछ तो बच्चों की कला के सौन्दर्य से काफ़ी प्रभावित हुए हैं। तो भी वे कहते हैं कि हम बच्चों के दृष्टिकोण से बड़ों के परिपक्व काम की बराबरी नहीं कर सकते हैं।

हाँ, ज़रूर, ये दोनों संसार बिलकुल अलग-अलग प्रकार के हैं इसलिए बच्चे को बड़ों के मापदंड सिखाना और उन्हें उसी ओर बढ़ाना बच्चे को अपने संसार से अलग करना है। यह बच्चे को उसके बचपन से वंचित करना है।

बच्चों और सयानों की दो अलग-अलग दुनिया

बच्चे आत्मप्रकटन सृजनात्मक प्रवृत्तियों के द्वारा करते हैं यह अनुभव मुझे पूरा-पूरा विश्वास दिलाता है कि बच्चों की कला को किसी हालत में भी बड़ों की आँखों से नहीं देखना चाहिए और न ही उसे बड़ों की आँखों से जाँचना चाहिए। एक बच्चा जो बड़ों की दुनिया का हिस्सा अभी तक नहीं बना है, जब वह पेंसिल और रंगों से कागज़ पर कुछ करता है और जिसे उसने अपने चारों तरफ की दुनिया से पाया है, वह सयानों की आँखों और बुद्धि से देखी और समझी हुई दुनिया से बिलकुल अलग होता है।

बच्चा जो कुछ अपने स्वभाव से करता है, जो उसकी अपनी दुनिया से आता है, वह उसका अपना और केवल अपना ही होता है। सयाने, ख़ासतौर पर बच्चों के माता-पिता, इसे नहीं समझ पाते हैं। वे उनके काम की तारीफ तो करते हैं पर उनके विकास की धारा को नहीं देख पाते इसलिए तो उन्हें बच्चे के मानस की आवश्यकताओं और उसके चरित्र को बहुत अच्छी तरह समझने की ज़रूरत है।

बड़ों के मुकाबले बच्चों की तार्किक बुद्धि इतनी अलग प्रकार की होती है कि कभी तो शंका होने लगती है कि कौन ठीक है और कौन नहीं। फ्रांज चीज़ेक ने एक बार कहा था कि "बच्चे का कमाल का तार्किक ढंग बड़ों के ग़लत तर्कवाद द्वारा नष्ट हो जाता है। ग़लत शिक्षा देना उनकी आध्यात्मिकता के लिए हानिकारक होता है। बच्चों का सोचना तर्कसंगत होता है।" एक बार एक सात-आठ साल की बच्ची मेरे पास बड़ी परेशानी की हालत में आई। मैंने उससे पूछा, "तुम इतनी परेशान क्यों हो?" उसने मुझे अपना बनाया हुआ एक चित्र दिखाया। बच्चों का ख़ास अपने ढंग के एक घर का चित्र–घर की दीवार के लिए चौकोर आकार और उसकी छत के लिए एक त्रिकोण। उसने पूछा, "यह ठीक

है न?'' मैंने जवाब दिया, ''हाँ, ज़रूर ठीक है।'' बच्ची बोलती गई। ''गुरुजी कहते हैं कि यह ऐसे बनाना ग़लत है। मैंने पूछा क्यों? उन्होंने कहा कि छत का किनारा बाहर निकलता हुआ होना चाहिए, नहीं तो बारिश का पानी दीवारों के ऊपर बहेगा।''

बच्ची हठात् हँसने लगी। मैंने उससे पूछा कि वह क्यों हँस रही है? उसने कहा, ''चित्र में भला बारिश कभी पड़ती है?'' देखिए, बच्चा कितना तर्कसंगत होता है।

फ्रांज चीज़ेक वे व्यक्ति थे जिन्होंने 'बच्चे की कला' 'चाइल्ड आर्ट' शब्द का उपयोग पहली बार किया। उन्होंने बच्चे को आत्मसम्मान की भावना दी और दिया आत्मप्रकटन का कलात्मक रास्ता। मैं मानता हूँ फ्रांज चीज़ेक की दूरदर्शिता के हिसाब से बच्चे के दिमाग़ में वह सत्य है जिसे हर माता-पिता को समझना चाहिए और उस पर हमेशा अभ्यास करना चाहिए।

20वीं शताब्दी के कुछ कलाकारों पर बच्चों की कला का बहुत असर हुआ है जो उनके काम में स्पष्ट रूप से दिखाई देता है। वैसे ही जैसे गुफ़ावासियों और आदिम संस्कृतिवासियों की कला का आधुनिक कलाकारों की कला पर। पर यह कहना ठीक और ज़रूरी होगा कि बच्चों की कला का असर सयानों से बिलकुल अलग होता है। वह अपने में निराला होता है।

मैं पाठकों का ध्यान बच्चों की कला के उस पहलू पर खींचना चाहता हूँ जिसके द्वारा बच्चों की कला की शक्ति और सूझ का पता चलता है और जो उनकी कुछ समस्याओं की ओर भी हमारा ध्यान खींचती है। ख़ासतौर पर वह पहलू जो परिवार में बच्चे के स्थान की समझ देता है। माता-पिता व शिक्षकों को जानना चाहिए कि बच्चों की कला की 'सूझ-बूझ' से उनके मानस का उनकी ज़रूरतों के उनके अनुभवों का ज्ञान होता है जिनसे वे गुजरते हैं।

व्यक्ति स्वभाव से ही सृजनशील कलाकार होता है और जो कुछ वह पाता है, वह निश्चेष्टा के कारण नहीं होता। जो चित्र उसके दिमाग़ में बनते हैं, उसके मन को भानेवाली वस्तु के नहीं होते। वह अपने मन की अर्ध-चेतन 'अवस्था के विचारों' को स्वीकारता है, परिवर्तित करता है, झलक देता है। ये उसकी भावनाओं और कल्पना का अंग होती हैं।

अच्छी शिक्षा के लिए कला अत्यन्त अनिवार्य

मानव समाज को प्राचीन काल से ही गहरा बोध है कि मानव की शिक्षा में कला

का स्थान महत्त्वपूर्ण है। इसका बाल्यावस्था से गहरा सम्बन्ध है। प्लेटो ने लिखा है : ''हमें ऐसे कलाकारों और कारीगरों की खोज करते रहना चाहिए जो इस जानकारी के माहिर हैं कि प्रकृति में क्या सुन्दर है। तभी हमारे नवयुवक स्वस्थ वातावरण में रहकर समझेंगे कि जीवन में वह क्या है जो उनके वातावरण को स्वस्थ बनाता है। हमें यह देखना है कि उन्हें बचपन से ही पहचान हो कि क्या सुन्दर है और क्या उचित।''

''और इसीलिए शिक्षा का चरण बड़ा निर्णायक है। इसका कारण यह है कि छंद और तारतम्य का उनके दिमाग़ पर गहरा प्रभाव पड़ता है। अच्छी शिक्षा बच्चे में लावण्य और सौन्दर्य को महत्त्वपूर्ण स्थान देती है। खराब शिक्षा का असर उलटा होता है। उचित शिक्षा इनसान को कलाकृतियों, प्रकृति की कुरूपताएँ या कमियों का अहसास करने की क्षमता भी देती है और उन्हें नापसन्द करने की दृष्टि भी। जो कुछ सुन्दर है, वह उनका स्वागत करता है, अपनाता है और स्वयं अच्छे चरित्रवाला बन जाता है। ऐसी समझ उसे स्वभाव से ही बदसूरती का तिरस्कार सिखाती है। बड़ा होने पर उसमें समझ आती है और तब उसे स्वभाव से ही अपने उस गुण की पहचान होने लगती है...। मेरे विचार से शिक्षा का यही उद्देश्य है।''[1]

आत्मा में छंद और सामंजस्य को महत्त्वपूर्ण स्थान देने में संगति भी बड़ा शक्तिशाली माध्यम है इसीलिए यह समझना आवश्यक है कि आत्मा और कला का आपसी बन्धन जीवन में लावण्य का विकास करता है। जिसे इस प्रकार की शिक्षा मिली हो, वह सत्य का पुजारी होगा, उसे आनंद की प्राप्ति होगी और वह उस तथ्य को समझेगा और वह अच्छे-बुरे को पहचानेगा। प्लेटो ने कहा है कि उचित कला-शिक्षा इनसान को अच्छा और बुरा समझने की शक्ति देती है।

सृजनात्मक प्रवृत्तियाँ मनुष्य को अनुशासन सिखाती हैं

सृजनात्मक प्रवृत्तियाँ वह शक्ति प्रदान करती हैं जो स्वभाव से ही मनुष्य को मेल-मिलाप अनुपात और सम्पूर्णता का अभ्यास कराती है। कला के माध्यम और औज़ार–मिट्टी, सूई, ऊन, चमड़ा, लकड़ी, पत्थर, ब्रश-तूलिका, कुम्हार-चाक और आरी इत्यादि अपने स्वाभाविक गुणों से ही कलाकार को ज़रूरी अभ्यास करवाते हैं। वे कलाकार को प्रकृति के नज़दीक ले जाते हैं जो कि स्वयं में ही महान उदाहरण है। वे एकता, सामंजस्य और संवेदना के बड़े उदाहरण हैं। ये वे क़ानून हैं जिन पर मानव समाज अपनी एकता और निष्ठा के लिए निर्भर होते हैं।

कला-प्रवृत्तियाँ बच्चे को स्वतन्त्रता से परिचित कराती हैं। ये अनुभव उसकी

सृजन-शक्ति और कौशल के पूरे प्रकटीकरण को उत्साहित करते हैं। सयानी उम्र में इससे स्थायी सुख की अनुभूति मिलती है। कला, सचमुच में बालक को अपने से बाहर होने के लिए उत्साहित करती है। जो बच्चे स्वतःस्फूर्त सृजनात्मक प्रवृत्तियों वाले होते हैं, वे उन बच्चों से कहीं ज्यादा खुश रहते हैं जो केवल पढ़ाई-लिखाई में लगे रहते हैं।

बच्चों के स्वेच्छा से बनाए गए चित्र उनकी शारीरिक और मानसिक अवस्था का स्पष्ट प्रमाण होते हैं। इसके द्वारा उनकी स्वस्थ-अस्वस्थ भावना का पता लगाया जा सकता है।

बच्चे की आन्तरिक दुनिया की भाषा

मैंने कई परिवारों में देखा है कि जो बच्चे कलात्मक प्रवृत्तियों में लगे रहते हैं, वे अधिक चुस्त और खुश रहते हैं। उनका अपने परिवारों के साथ काफ़ी नज़दीक का सम्बन्ध रहता है जो उनके लिए आनन्द का स्रोत बन जाता है। यहाँ तक कि काफ़ी छोटी उम्र से ही यदि उन्हें कुछ सरल स्तर की कला के औज़ार मिलें तो वे उनसे जूझने लगते हैं और कुछ न कुछ कीरम-काँटे खींचने लगते हैं। वे उसे बड़े शौक से अपने माँ-बाप को और मित्र परिवार के लोगों को दिखाते हैं जिनसे उन्हें खूब उत्साहदायक बातें सुनने को मिलती हैं। तीन-चार साल की उम्र तक बच्चों में बातचीत करने का हौसला नहीं बन पाता किन्तु अपनी 'कला कृतियों' के माध्यम से वे उन बड़ों से अच्छा रिश्ता कायम कर लेते हैं जो उनकी बातचीत सुनने के लिए तैयार होते हैं। दरअसल कलाकृतियाँ बच्चों को वह भाषा देती हैं जिनसे वे अपनी भावनाओं को प्रकट कर लेते हैं। अगर बच्चा आत्मप्रकटन नहीं कर सकता हो तो उसकी मानसिक स्थिति और भावनाएँ ग़लत स्वरूप ले लेती हैं। वह तोड़-फोड़ की तरफ झुकने लगता है। बच्चे को केवल आत्मप्रकटन का मौका ही नहीं बल्कि उसकी बात सुननेवाले भी चाहिए। ऐसे सुननेवाले जो उसे सराहना और प्यार दे सकें।

फ्रांज चीज़ेक ने अपने एक अनुभव का वर्णन किया है। "एक घंटे तक पेन्टिंग करने के बाद मैंने एक दर्जन बच्चों के साथ उनके चित्रों की चर्चा की। वे तीन साल से सात साल की उम्र के थे। ख़त्म करने के बाद, छह वर्ष की बालिका सूसन सुबक-सुबककर रोने लगी। जब मैंने उससे पूछा वह क्यों रो रही है? तो उसने कहा, 'आपने मेरे चित्र की तो चर्चा नहीं की,' मैंने उसे बताया कि मैंने चर्चा की थी पर मुझे यह मालूम नहीं था कि तुम तब बाहर चली गई थीं।

मैंने तुम्हारे चित्र की तारीफ भी की थी।''[2] सूसन एक शर्मीली बालिका थी। बच्चे अपने काम की जानकारी दूसरों को देना चाहते हैं। वे अपने आन्तरिक रूप की स्वस्थ छवि देखना चाहते हैं। वे अपने माता-पिता का खुद पर विश्वास देखने के लिए उत्सुक रहते हैं। आखिर परिवार का स्वास्थ्य उसके रिश्तों की अन्तरंगता पर और एक-दूसरे के व्यक्तित्व की पहचान और सम्मान पर निर्भर होता है। सृजनात्मक प्रवृत्तियाँ बचपन की हर अवस्था में उसे विचार का आदान-प्रदान करने के लिए हिम्मत देती हैं और साथ-साथ उसे प्रकृति का एक अटूट अंग बनाती हैं। मैं यह विचार शिलर के एक वाक्य के जरिए रखना चाहता हूँ–''संस्कृति का एक कर्त्तव्य यह है कि वह मानव को रूप का भाव दे–अपनी भौतिक जिन्दगी में उसके जीवन को कलात्मक बनाए, उसके जीवन में जहाँ भी हो, सौन्दर्य का रास्ता दे। यह इसलिए कि जीवन में सदाचार तभी प्रवेश कर सकता है जब उसकी प्रकृति में सौन्दर्यबोध का विकास हो।''[3]

सन्दर्भ

1. प्लेटो, *द रिपब्लिक*, पैंग्विन बुक्स, 1995, पृ. 163।
2. फ्रांज चीज़ेक, 'चाइल्ड आर्ट' युनिवर्सिटी ऑफ लन्दन प्रेस लि., लन्दन, 1945।
3. हरबर्ट रीड, *एजुकेशन थ्रू आर्ट*, फेबर एंड फेबर, लन्दन, 1956, पृ. 256।

गांधीजी : एक शिक्षक

प्रारम्भ

मोहनदास करमचन्द गांधी, भारत की अहिंसक क्रान्ति के द्वारा पाई गई आज़ादी के नायक थे। उनका जन्म 1869 में राजसी प्रदेश काठियावाड़ के पोरबन्दर शहर में हुआ था। उनके पिता और दादा काठियावाड़ के मुख्यमंत्री थे। स्कूल की शिक्षा के बाद गांधीजी क़ानून का अध्ययन करने लन्दन गए। वहाँ से लौटने के बाद उन्होंने बम्बई और राजकोट में वकालत शुरू की, किन्तु उन्हें इसमें सफलता नहीं मिली। एक अप्रत्याशित प्रस्ताव मिलने पर वे दक्षिण अफ़्रीका चले गए। दक्षिण अफ़्रीका में उन्हें दो ऐसे अनुभव हुए जिन्होंने उनके जीवन को बिलकुल बदल दिया। पहला तो वह था जिसमें डरबन के जज ने उन्हें पगड़ी उतारने को कहा था। इस बात से उनकी राष्ट्रीयता के गर्व को बड़ा झटका लगा। दूसरा अनुभव ऐसा था जिसने उनकी आँखें वहाँ के नस्लवाद की तरफ खींचीं। पहले दर्जे का टिकट होने के बावजूद उन्हें रेल के डिब्बे से धक्का मार कर सामान के साथ बाहर निकाल दिया गया। वे मन ही मन सोचने लगे कि 'मैं अपने अधिकार के लिए लड़ूँ या भारत वापस चला जाऊँ या फिर बिना इस अपमान की चिन्ता किए प्रिटोरिया वापस चला जाऊँ।...भारत वापस भाग जाना तो कायरता होगी...बिना अपना काम पूरा किए।...मुझे तो यह कोशिश करनी चाहिए कि यहाँ के समाज में इस बीमारी को ख़त्म कर दूँ। जितनी भी कठिनाइयों का सामना करना पड़े, करूँ। उन गलतियों को हटाऊँ जो रंगभेद की बीमारी पैदा करती हैं।''[1]

पाठशाला में परीक्षाओं के समय अनुभव ने उनके मानस पर बड़ा गहरा असर कर रखा था। ''...पहले साल की हाई स्कूल की परीक्षा की बात है। श्री गाइल्स, परीक्षा निरीक्षक, एक बार पाठशाला में आए थे। उन्होंने हिज्जों की परीक्षा लेने के लिए पाँच शब्द दिए थे। एक था 'कैटल'। मैंने वह ग़लत लिखा था। वर्ग

शिक्षक ने मुझे मदद करने की कोशिश की। मेरे पास आकर उन्होंने अपने पैर के अँगूठे से मेरे पैर पर इशारा देना चाहा। मैं यह नहीं समझ पाया कि उनकी कोशिश थी कि मैं अपने पासवाले सहपाठी की स्लेट से नकल कर लूँ। मैं यह सोचता था कि शिक्षक तो हमारे काम का निरीक्षण करने के लिए होता है, नकल करना सिखाने के लिए नहीं। नतीजा यह हुआ कि मेरे सिवाय और सभी बच्चों ने हर शब्द को ठीक लिखा ! केवल मैं ही बेवकूफ निकला। बाद में शिक्षक ने मेरी इस 'बेवकूफी' को मेरे दिमाग़ से निकालने की कोशिश की लेकिन इसका असर मेरे ऊपर कुछ नहीं हुआ। मैं कभी भी नकल करने की कला सीख नहीं सका।"[2]

प्रचलित शिक्षा-पद्धति का तिरस्कार

शिक्षा-पद्धति पर गांधीजी का प्रयोग दक्षिण अफ़्रीका में सन् 1897 में शुरू हुआ था। अपनी आत्मकथा में उन्होंने लिखा है, "यह बात सच्ची है कि वहाँ शिक्षा का माध्यम अंग्रेज़ी था या ग़लत तमिल या हिन्दी, जो कुछ कठिनाई से ही हो सकता है। मैं इस प्रकार की असुविधा को सहन नहीं कर सका। उन्हें पढ़ाने की कोशिश कर रहा था पर वह नियमित तौर पर करना मेरे लिए कठिन था। और मैं कोई गुजराती शिक्षक खोज नहीं पाया।

"मैं मन में परेशान रहा और मैंने एक ऐसे अंग्रेज़ी के शिक्षक के लिए विज्ञापन निकाला जो बच्चों को मेरे मार्गदर्शन में काम करना सिखा सके। वह बच्चों को कुछ तो पढ़ाएगा और बाकी मैं जितना भी हो सके, अनियमित रूप से, खुद करूँगा। एक अंग्रेज़ी अध्यापिका 7 पाउंड प्रतिमाह के हिसाब से नियुक्त कीं। यह कुछ समय तक ही चला किन्तु मुझे संतोष नहीं हुआ।"[3]

आत्मकथा के उसी अध्याय में गांधीजी कहते हैं, "अगर मुझे आत्मसम्मान का भान नहीं होता और मैं अपने बच्चों को वह शिक्षा देता जो दूसरे बच्चों को नहीं मिल पाती है तो वह मेरी ग़लती होती कि अपने बच्चों को मैं एक प्रत्यक्ष पाठ से वंचित कर रहा हूँ, जिसमें आत्मसम्मान और आज़ादी का अनुभव हो, चाहे उन्हें लिखने-पढ़ने की जानकारी न मिले। जब मुझे चुनाव करना था तब मैंने तय किया कि लिखने-पढ़ने के अभ्यास से कहीं ज्यादा आत्मसम्मान का महत्त्व होना चाहिए।"[4]

टॉल्सटॉय फ़ार्म की पाठशाला

सन् 1911 में जोहान्सबर्ग के नज़दीक सत्याग्रहियों और उनके परिवारों को रहने के लिए टॉल्सटॉय फ़ार्म बनाया गया। टॉल्सटॉय फ़ार्म के विकास के साथ बच्चों की शिक्षा का भी विकास हुआ। अच्छे शिक्षक मिलना तो वैसे भी कठिन था, उस पर उनकी तनख़्वाह का भी प्रश्न था और साथ-साथ इतनी दूर कई मील जाने के लिए वे तैयार भी नहीं थे। गांधीजी यह भी जानते थे कि ये डिग्रीवाले शिक्षक उस प्रकार की शिक्षा नहीं दे सकते जो हम चाहते थे। "मैं तो प्रचलित शिक्षा-पद्धति में विश्वास नहीं करता हूँ। मुझे तो अनुभव और प्रयोग करके सच्ची शिक्षा टॉल्सटॉय फ़ार्म के बच्चों के लिए ढूँढ़नी है।"[5]

जिस शहरी भावना के साथ गांधीजी ने टॉल्सटॉय फ़ार्म के बच्चों के लिए सच्ची शिक्षा की खोज की, वह उनकी 'आत्मकथा' के चौथे भाग के अध्यायों से पता चलती है। उनके विचारों में था : "हमारी प्राचीन पाठशालाएँ हमारे लिए काफ़ी हैं। चरित्र का निर्माण उनमें पहली अहमियत रखता है, वही प्रारम्भिक शिक्षा है। उस बुनियाद पर जो मकान बनेगा, उसकी नींव पक्की होगी। गांधीजी अभी तक उस सच्ची शिक्षा के नज़दीक नहीं पहुँचे थे जो वे पूरे फैलाव के साथ देश को दे सकें। हाँ, वे यह जान गए थे कि अगर शिक्षा चरित्र को नैतिकता के गहरे और ऊँचे स्तर तक नहीं ले जाती है तो वह शिक्षा ग़लत है, खराब है। इसलिए टॉल्सटॉय फ़ार्म के बच्चों की शिक्षा पर सबसे गहरी यह कोशिश की गई कि वे हृदय की सभ्यता और चरित्र पर अधिक से अधिक ध्यान दें।"[6]

उन्हें पूरा विश्वास था कि उम्र और पालन-पोषण की जैसी भी परम्परा रही हो, नैतिक शिक्षा व्यक्ति के जीवन के हर कदम पर एक जैसी ही मिलनी चाहिए।

गांधीजी उनके साथ चौबीस घंटे एक पिता की तरह रहे। उन्हें यह विश्वास था कि अगर बच्चों को चरित्र की शिक्षा ठीक मिलेगी तो वे बाकी सब कुछ अपने आप और मित्रों की सहायता से सीख लेंगे।

टॉल्सटॉय फ़ार्म में बच्चों को शारीरिक व्यायाम करना सिखाया जाता था। वहाँ नौकर नहीं थे। सारा काम, रसोई, सफ़ाई और भंगी का काम सबको करना पड़ता था। आश्रम में कुछ फल के पेड़ थे। उनकी देखभाल आश्रम के सदस्य एक जानकार व्यक्ति के मार्गदर्शन में करते थे। इसी प्रकार 'व्यावसायिक शिक्षा' भी एक ज़रूरी अंग की तरह मानी जाती थी। इस सबका उद्देश्य यह था कि सभी

नवयुवकों को कुछ शारीरिक धन्धा सिखाया जाए। गांधीजी का एक साथी एक धार्मिक मठ में गया और वहाँ से जूता बनाना सीखकर आया, दूसरा बढ़ई का काम। हर एक को खाना बनाना सीखना पड़ता था।

एक महत्त्वपूर्ण बात यह थी कि छोटे सदस्यों को ऐसा कोई काम नहीं करना पड़ता था जो शिक्षक खुद नहीं करते थे। इसके लिए यह ज़रूरी था कि जब छोटे सदस्यों को कोई काम करने के लिए दिया जाता था तब उनके साथ एक शिक्षक भी होता था जो सब तरह के काम में उनके साथ रहता था।

ऐसा लगता है कि गांधीजी 'साहित्यिक शिक्षा' के बारे में द्वंद्व में थे। कहते थे–"मेरे पास न तो ज़रूरी साधन थे और न ही साहित्यिक प्रबन्ध और मेरे पास इतना समय भी न था कि उस विषय पर लगा सकूँ। जो शारीरिक काम मैं कर रहा था, वह मुझे दिनभर के बाद बिलकुल थका देता था। मैं क्लास भी तभी लेता था जब मुझे कुछ आराम की ज़रूरत होती थी। जब मुझे क्लास लेने के लिए ताज़ा रहना चाहिए था, मैं बड़ी कठिनाई के साथ जागता रहता था। सुबह का समय खेल के काम में और घरेलू ज़िम्मेदारियों को निभाने में जाता था। इसलिए पाठशाला के लिए कुछ घंटे दोपहर के भोजन के बाद देता था।"[7]

किन्तु यह भी जानना ज़रूरी है कि गांधीजी बच्चों के लिए साहित्यिक शिक्षा को ज़रूरी समझते थे। मातृभाषा की क्लास तभी ली जाती थी जब ज़रूरी साधन और व्यक्ति आश्रम परिवार में होते थे। उनकी कमी हमेशा रही। हाँ, बुनियादी ज़रूरत के लिए व्यक्ति उपलब्ध हो जाते थे। "आश्रम के बच्चे ज्यादातर अनपढ़ थे किन्तु अपने काम के दौरान, मैंने देखा कि उन्हें बहुत कम सिखाना पड़ता था। हाँ, यह ज़रूरी था कि उनके व्यक्तित्व में से सुस्ती हटाऊँ और उनके बुनियादी अध्ययन में मदद करूँ। इसके अलावा मेरे लिए कुछ और करने को नहीं था। मुझे इससे संतोष था। मैं अलग-अलग उम्र के बच्चों को उनकी क्लास में से बुलाकर विशेष विषय सिखाता था।"[8]

गांधीजी कहते थे कि शारीरिक और मानसिक ट्रेनिंग से कहीं ज्यादा कठिन आध्यात्मिकता का प्रश्न है। वे धार्मिक पुस्तकों पर विश्वास नहीं करते थे। हाँ, वे यह ज़रूर मानते थे कि हर विद्यार्थी को अपने धर्म की और उनके ग्रंथों की जानकारी होनी चाहिए–"जैसे-जैसे मैं बच्चों के नज़दीक आता गया मैंने समझा कि आत्मा का ज्ञान पुस्तकों के द्वारा नहीं दिया जा सकता है। जिस प्रकार शारीरिक ट्रेनिंग शारीरिक कसरतों से देते हैं और बौद्धिक ट्रेनिंग मानसिक कार्य द्वारा, वैसे ही आत्मा की ट्रेनिंग केवल आत्मिक अभ्यास द्वारा ही दी जा सकती

है। वह बहुत कुछ शिक्षक के जीवन और चरित्र पर निर्भर करता है। शिक्षक को प्रश्न और उत्तर दोनों पर चेतन रहना होगा, चाहे वह बच्चों के साथ हो या नहीं।"[9]

गांधीजी हमेशा चरित्र की शिक्षा पर ज़ोर देते थे।

प्रयोगशाला से कर्म-क्षेत्र

गांधीजी 1945 में दक्षिण अफ़्रीका से एक नई चुनौती का सामना करने भारत आए। अब उनका व्यक्तित्व एक प्रयोगशाला में काम करनेवाला नहीं रहा था। भारत में उनका काम एक छोटे समाज में केवल बच्चों के साथ करने वाला भी नहीं रहा था। यहाँ तो उनमें समाज का पुनर्गठन करने की ज़िम्मेदारी लेने की भावना आ गई थी। वह एक ऐसा समाज था जो सदियों से मिली अपनी परम्पराओं को खो बैठा था।

पहली ज़िम्मेदारी थी–अपनी संस्कृति को पूरा-पूरा खो बैठे समाज को सफेद लोगों की गुलामी से छुटकारा मिले और अपनी शिक्षा-व्यवस्था का उद्धार हो। समाज के सामने उन्होंने शिक्षा-व्यवस्था का पुनः निर्माण करने की ज़िम्मेदारी रखी। पहला कार्य उस उपनिवेशक शिक्षा-व्यवस्था को समाप्त करना था जो भारतीय जनता के जीवन से कोई सम्बन्ध नहीं रखती थी। वे चाहते थे इतिहास, भूगोल आदि विषयों को रखने वाले दोबारा अपनी परम्पराओं के आधार पर पुनः निर्मित किया जाए। स्कूलों में इस्तेमाल की जा रही पुस्तकों के बारे में उन्होंने अपने विचार प्रकट किए–"वे पुस्तकें जो ख़ासतौर पर बच्चों के लिए होती हैं, अधिकतर बेकार और कुछ हद तक हानिकारक भी थीं। इसमें कोई शंका नहीं कि उनमें से कुछ होशियारी से लिखी होती हैं। कुछ ज़रूर पाठकों के लिए बहुत अच्छी हैं किन्तु किसी हालत में भी भारतीय वातावरण के लिए नहीं हैं।" गांधीजी कहना यह चाहते थे कि शिक्षा बालक के व्यक्तित्व के हिस्से का श्रेष्ठ विकास करनेवाली शक्ति होनी चाहिए। ग़लत पुस्तकें उनके दिमाग़ में गैरज़रूरी भार और जानकारी भरने की, उनकी मूल शक्ति और कल्पना को ख़त्म करने की कोशिश कर उन्हें मशीन की तरह व्यवहार करना सिखाती है। गांधीजी का कहना था कि अगर भारतीय अंग्रेज़ी शिक्षा-पद्धति के शिकार नहीं बने होते तो इसके 'आधुनिक' शिक्षा नुकसान का ज्ञान बहुत पहले ही हो जाता। हमें पता चल जाता कि तथाकथित आधुनिक 'मास-एजुकेशन' के विचार के पीछे कितनी बुरी दृष्टि थी। ख़ासतौर पर हमारे भारतीय वातावरण में।

गांधीजी का दूसरा उद्देश्य एक ऐसी सामाजिक व्यवस्था बनाने का था जो आम इनसान को स्वाभिमान दे, उसमें शक्ति का निर्माण करे और उसे अपने जीवन व शिक्षा-व्यवस्था की व्यक्तिगत और सामूहिक ज़िम्मेदारी उठाने का साहस दे।

उनकी योजना में नवीनता यह थी कि आज़ादी के नेताओं से भिन्न सच्ची स्वतन्त्रता का अर्थ यह नहीं है कि सरकार में कुछ ही लोग पार्लियामेन्ट में बैठकर राज्य की ज़िम्मेदारी उठाएँ। जनता के भाग्य की व्यवस्था करने के लिए बल्कि जैसा कि उन्होंने सन् 1915 में कहा था, "मेरी सच्ची आज़ादी की कल्पना यह है कि स्वराज्य तभी आएगा जब राज करने की ज़िम्मेदारी कुछ ही लोगों के हाथ में रहने की बजाय सारी जनता के हाथ में ऐसी शक्ति के रूप में होगी कि उन कुछ लोगों द्वारा शक्ति का दुरुपयोग करने पर वह डटकर मुकाबला कर सकें। स्वराज्य मिलने के लिए जनता को उसकी अपनी शक्ति का भान और उसे इस्तेमाल करने का रास्ता और तरीका सीखना होगा। शिक्षा पुस्तकों और भाषणबाजी के द्वारा नहीं बल्कि अपने अधिकारों और सामाजिक ज़िम्मेदारी का विकास करने से ही प्राप्त हो सकती है।"

राष्ट्रीय पुनः निर्माण

अपने दक्षिण अफ़्रीका के अनुभव के आधार पर गांधीजी ने मई 1915 में आश्रम स्थापित किया। बच्चों के लिए एक स्कूल अहमदाबाद के साबरमती नामक स्थान में शुरू किया, जिसमें नए लोगों ने भी भाग लिया। इसके लिए यह ज़रूरी था कि उनके जीवन की व्यवस्था के लिए पहलेवाले नियमों और कार्यक्रम की नियममाला की परम्पराएँ लागू हों। फ़रवरी 1916 को गांधीजी ने वाई.एम.सी.ए. मद्रास में कहा, "कि आज सुबह मैं कोशिश करूँगा कि आपको बता सकूँ कि हमने उन नियमों की सूची बनाई है जिन्हें आश्रम का एक सदस्य बनकर रहने के लिए मानना ज़रूरी है।"[10]

इसके बाद उन्होंने उन पाँच तत्त्वों-नियमों को विस्तार से समझाया जो आत्म- संयम और आत्मानुशासन सिखाते हैं। उन्होंने सत्य-साधना व अहिंसा के नियम, ब्रह्मचर्य, अस्वाद और चोरी न करने के बारे में भी समझाया। इसके साथ उन्होंने निडरता, स्वदेशी और अस्पृश्यता के बारे में विस्तार से बताया और कहा कि हरेक व्यक्ति शारीरिक श्रम करे। शिक्षा मातृभाषा और स्वदेशी भाषा में होनी चाहिए। उन्होंने कहा, "राजनीति हमारे जीवन का एक भाग है। हमें अपनी

राष्ट्रीय संस्थाओं, राष्ट्रीय विकास और इन सब विषयों को अच्छी तरह समझना चाहिए। देश उनसे नई भावनाओं और आशाओं की अपेक्षा कर रहा है किन्तु हमें प्रकाश चाहिए, श्रद्धा चाहिए जो केवल मानसिक न हो, हृदय पर गहरी छाप लिए हो। यह चेतना हमारे जीवन की सब खिड़कियाँ खोल देगी। यह सब बच्चों को अगर उचित ढंग से मिला तो उनकी मानवता उन्हें उस युद्ध के लिए तैयार कर देगी जो सच्चे जीवन के लिए करना पड़ता है। आज राजनीति पर चर्चा केवल विद्यार्थी काल तक सीमित रहती है। जैसे ही कॉलेज छोड़ा, वे धन्धा ढूँढ़ने के चक्कर में पड़ जाते हैं। भगवान से सम्पर्क करने की इच्छा और शक्ति से दूर हो जाते हैं।"[11]

उपरोक्त विचार शिक्षा के बारे में गांधीजी के दर्शन को काफ़ी हद तक स्पष्ट करते हैं, तब भी ये विचार भारत की स्वतन्त्रता की खोज के लिए काफ़ी नहीं हैं। प्रत्येक व्यक्ति में राष्ट्रीय पुनर्गठन की योजना उतनी ऊँचाई तक नहीं आती जितनी गांधीजी ने और कुछ राष्ट्रीय चिन्तकों ने की है। उद्देश्य यह है कि देश के हर उम्र के व्यक्ति को यह चेतना हो कि राष्ट्रीय पुनर्गठन के लिए किन-किन तत्त्वों की आवश्यकता है, जिससे उन्हें स्वतन्त्रता का सच्चा भान हो सके। ऐसा हो कि वे अपने देश की ऐतिहासिक और सांस्कृतिक बुनियाद को दोबारा खड़ा करके पक्का कर सकें। इसी विचारधारा के आधार पर उस नई योजना के बीज बोए गए जो बाद में नई तालीम के नाम से जानी गई।

क्रमशः नई तालीमी पाठशालाएँ सारे देश में निर्मित हो गईं। दुर्भाग्यवश कुछ समय के बाद इन पाठशालाओं का स्तर गिरता गया। इसका मुख्य कारण यह था कि देश की राज्य-व्यवस्था 'एलीट' दृष्टिवालों के हाथ में चली गई, जिन्होंने उस शिक्षा-व्यवस्था को दुत्कार दिया। उसे वे गाँववालों की शिक्षा मानते थे। दुर्भाग्यवश ये लोग उसी तथाकथित आधुनिक शिक्षा-प्रणाली को मानते गए जिसे भारत ने अंग्रेज़ी राज्य से पाया था।

सन्दर्भ

1. एम.के. गांधी, *एन ऑटोबायोग्राफी,* नवजीवन पब्लिशिंग हाउस, अहमदाबाद, 1993, पृ. 67, 68।
2. वही, पृ. 3।
3. वही, पृ. 122।
4. वही, पृ. 123।

5. वही, पृ. 203।
6. पटेल, *द प्रॉबलम्स ऑफ एजुकेशन*, नवजीवन पब्लिशिंग हाउस, अहमदाबाद, 1962, पृ. 85।
7. एम.के. गांधी, *एन ऑटोबायोग्राफी*, नवजीवन पब्लिशिंग हाउस, अहमदाबाद, 1963, पृ. 204, 205।
8. वही, पृ. 205।
9. वही, पृ. 206।
10. *द कलेक्टेड वर्क्स ऑफ महात्मा गांधी*, वॉल्यूम 13, नवजीवन ट्रस्ट, अहमदाबाद, 1964, पृ. 226।
11. वही, पृ. 234-35।

गांधीजी की नई तालीम

भारत में अंग्रेज़ी राज्य की शिक्षा-व्यवस्था

जो शिक्षा-व्यवस्था औपनिवेशिक राज्य के समय भारत में थी उसके प्रति भारत को नई दृष्टि बनाने की आवश्यकता थी। सबसे पहले ज़रूरी था अंग्रेज़ी राज्य द्वारा थोपी गई शिक्षा-व्यवस्था से छुटकारा पाना। अंग्रेज़ों ने हमारे देश की अपनी दृष्टि, परम्पराओं और संस्थाओं को नष्ट कर दिया था। देश को अपनी ज़रूरत के मुताबिक एक नई शिक्षा-व्यवस्था बनानी थी, जिससे वह एक स्वतन्त्र और सच्चा समतावादी देश बन सके।

उन्नीसवीं शताब्दी के मध्य में भारत के शिक्षित समाज को अपनी विशिष्टता और एकता का बोध होने लगा था। यह काल सामाजिक ज्ञान और भारतीय राष्ट्रीयता का प्रभात था। यह स्वतन्त्रता संग्राम का समय था जिसमें देश की सामाजिक स्थिति के विकास के दो रास्ते थे। कुछ लोग तो मानते थे कि भारतीयों को अंग्रेज़ी राज्यकर्ताओं के स्तर तक पहुँचने के लिए अंग्रेज़ी पद्धति की शिक्षा लेनी चाहिए। उन्होंने अंग्रेज़ी ढंग की शिक्षा संस्था निर्माण को अपना विशेष उद्‌देश्य रखा। हालाँकि वे भी अपनी संस्कृति की जड़ों को खोजना चाहते थे फिर भी उनके मन में यह भावना थी कि अंग्रेज़ भारत पर राज्य इसलिए कर पा रहे हैं क्योंकि वे कई मामलों में हमसे उत्कृष्ट हैं।

धीरे-धीरे एक ऐसा आन्दोलन प्रारम्भ हुआ जिसमें जनता को अपनी वैदिक संस्कृति को खोजने के लिए प्रोत्साहित किया गया यानी भारत की बुनियाद की जड़ों का नव निर्माण प्रारम्भ हो गया। गुरुकुलों की स्थापना और दूसरी ऐसी संस्थाओं का निर्माण करने का काम शुरू किया गया जिसमें पढ़ने और सिखाने का, अपने ही ढंग का कार्य हो। उनके हिसाब से भारत के कमज़ोर हो जाने का कारण था कि वह अपनी जीवन पद्धतियों से दूर हट गया था। इन दोनों दृष्टियों में से एक ने भी असली समस्या को नहीं पहचाना और वे उसका ठीक से सामना और सच्ची स्वतन्त्रता तथा आत्मनिर्भरता का गठन नहीं कर पाए।

भारत अत्यधिक गरीब हो चुका था। उसकी जनता अपना आत्मसम्मान और साहस खो चुकी थी और आज़ादी की भावना को भूल गई थी। सन् 1857 के सैनिक विद्रोह के बाद जनता की मनोदशा का स्तर बहुत गिर चुका था। साथ-साथ अंग्रेज़ों को भारतीय सैनिकों के मनोबल का कुछ अन्दाज़ ख़ासतौर पर 1857 के गदर के बाद ही हो गया था। उन्हें यह पता चल गया था कि वे भारत को हमेशा के लिए गुलाम बनाकर नहीं रख सकेंगे। उन्होंने बड़ी चालाकी से और बड़े कायदे के साथ राष्ट्र को निशस्त्र और निहत्था बना दिया। यहाँ तक कि एक सीधा-सादा किसान भी एक सामान्य प्रकार की बन्दूक नहीं रख सकता था जिससे वह जंगली जानवरों से खेत की रक्षा कर सके।

भारतीय उद्योग

रमेश दत्त के[1] हिसाब से 18वीं शताब्दी के मध्य तक भारत दुनिया के औद्योगिक देशों में सबसे ऊपर था। 19वीं शताब्दी के अन्त तक भारतीय उद्योग करीब-करीब पूरे-पूरे नष्ट कर दिए गए थे। दुनिया को, ख़ासतौर पर उत्तरी योरोप को ऊँची श्रेणी के अनेक प्रकार के कपड़े निर्यात करनेवाला भारत इंग्लैंड से अपने लिए हर प्रकार के कपड़े मँगाने लगा।

दुनिया के कई राष्ट्र अपने लिए भारत से भारतीय बंदरगाहों में बनाए हुए पानी के जहाज़ मँगाते थे। "कितने ही अंग्रेज़ व्यापारी और दूसरे भी अपने जहाज़ हर साल यहीं बनवाते थे। यहाँ बहुत अच्छी उगाई हुई लकड़ी और सबसे अच्छा लोहा भी मिलता था। उनके पास अत्यन्त ऊँची श्रेणी के जहाज़ों की ज़रूरतों की वस्तुएँ होती थी।"[2] वे टेलर की 'भारतीय इतिहास' नामक पुस्तक में कहते हैं, "जब लन्दन के बंदरगाह पर भारत में बने जहाज़ पहुँचते थे तब वहाँ के ठेकेदारों में बड़ी सनसनी फैल जाती थी। इतनी सनसनी जो टैम्स नदी में दुश्मन के जहाज़ी फौज आने पर भी नहीं होती थी। सरकार ने निर्णय लिया कि भारत का उद्योगीकरण पूरा-पूरा नष्ट कर दिया जाए, जो उन्होंने सचमुच करके दिखाया।"[3]

समाज का ढाँचा

अंग्रेज़ों ने बहुत बुरे प्रकार की जमींदारी का गठन किया। उससे पारम्परिक आपसी मानव सम्बन्धों की, भावना की भयानक क्षति हुई। मानवीय सम्बन्ध टूटकर समाज की अलग-अलग परतों में बँट गए, जो भारतीय अनुभवों के लिए बिलकुल

विदेशी थे। पंचायती परम्परा का विनाश, स्थानीय सरकारी योजना और उनकी संचालन और क़ानून की व्यवस्था के विनाश ने तो सामाजिक समस्याओं पर और भी अधिक असर डाला।

औपनिवेशिक राज्यकर्ताओं को भारतीय उद्योगों, कृषि उद्योग, क़ानूनी संस्थाओं, प्रशासनिक और राष्ट्रीय सुरक्षा ढाँचे को ख़त्म करने मात्र से सन्तोष नहीं हुआ। उनकी योजना तो यह थी कि भारत को हमेशा के लिए गुलाम बनाकर रखा जाए। यहाँ तक कि वे जानते थे कि अपने उद्देश्य तक पहुँचने के लिए केवल भौतिक गुलामी से काम नहीं चलेगा बल्कि उन्हें तो मानसिक गुलामी के गड्ढे में डालना होगा इसलिए भारतीय पारम्परिक शिक्षा को अपना शिकार बनाकर देश को गुलामी की जंज़ीरों से जकड़ दिया। भारतीय शिक्षा-प्रणाली उनका सबसे बड़ा शिकार बन गई। धन और सम्पत्ति के लालच ने इन उपनिवेशकों को अपनी राजनीति गढ़ने के लिए यह सुझाया कि भारत की शिक्षा की परम्पराओं को तुरन्त तोड़कर नई नीति बनाई जाए, जो भारत के लिए 'नए सुधारों' का निर्माण करे। वे समझ गए थे कि यहाँ की संस्कृति की बुनियाद पक्की भारतीय परम्पराओं को नष्ट किए बिना भारत की भारतीयता नष्ट नहीं की जा सकती।

हमें इन उपनिवेशिकों की उस दृष्टि को समझना चाहिए जो हमारी संस्कृति और साहित्य के विषय में थी। लॉर्ड मैकॉले की एक बैठक की प्रसिद्ध रिपोर्ट[4] में लिखा है, "मुझे संस्कृत या अरेबिक का तो ज्ञान नहीं है किन्तु मैंने वह सब किया जो उनका मूल्य जाँचने के लिए आवश्यक है। मैंने संस्कृत और अरबी के कुछ लेखों को अनुवाद में पढ़ा है। मैंने ऐसे कई व्यक्तियों के साथ बातचीत की है जो पूर्व की भाषाओं पर अधिकार रखते हैं। उनकी बात मानने के लिए मैं बिलकुल तैयार हूँ। उनमें से मुझे एक भी ऐसा इनसान नहीं मिला जो इस बात का विरोध करे कि योरोप के किसी अच्छे पुस्तकालय का केवल एक शैल्फ सारे हिन्दुस्तान और अरबिस्तान के पूरे साहित्य के बराबर है।" हालाँकि मैकॉले की इस बात का विरोध कुछ अंग्रेज़ अफसरों ने किया था, तो भी गवर्नर जनरल लार्ड बैंटिंक ने कहा, "मैकॉले की रिपोर्ट में लिखी भावना को मैं पूरी सम्मति देता हूँ।"

भारत की संस्कृति पर इतने हिसाब के साथ किए गए हमलों के बावजूद, विशेषकर भारत की इन पारम्परिक शिक्षा-संस्थाओं में से अनेक सन् 1835 तक

बनी रहीं और अपना काम करती रहीं। बंगाल के शिक्षा विभाग के एक अफसर एडम ने एक पूछताछ की रिपोर्ट में लिखा था कि उस साल उस क्षेत्र में पाठशालाओं की संख्या के हिसाब से 15,000 गाँवों में से लगभग हरेक में एक स्कूल था और हर स्कूल में बच्चों की संख्या औसतन 32 थी।

राष्ट्रीय जागरण

जैसा कि कहा गया है कि पिछली शताब्दी के अन्त में राष्ट्रीय जागरण के आन्दोलन फिर से शुरू हो गए थे किन्तु इस बार वे टीपू सुलतान के युद्ध और सिपाही विद्रोह से बहुत अलग प्रकार के थे। पहली बात तो यह है कि वे ज्यादातर सुधारवादी थे। आर्य समाज, प्रार्थना समाज और ब्रह्म समाज के उद्भव ने जनता में उनकी सांस्कृतिक विरासत और आत्मप्रतिष्ठा का जागरण किया।

1885 में राष्ट्रीय कांग्रेस राजनैतिक रूप में स्थापित हुई। इसने स्वराज्य की चर्चा शुरू की। राज्य-व्यवस्था में भारतवासियों के भाग की माँग की गई पर कांग्रेस के अधिकतर नेता अंग्रेज़ी शिक्षा में पले थे। वे सामान्य जनता की भाषा नहीं बोल सकते थे। जनता यह नहीं समझ पाती थी कि कांग्रेस क्या कह रही है। इन पढ़े-लिखे लोगों का आम जनता के साथ सम्पर्क बहुत कम था। अतः दोनों के बीच सहयोग भी बहुत कम था।

कांग्रेस के आरम्भिक काल में अंग्रेज़ों ने इसका खूब फ़ायदा उठाया। आरम्भ में इन पढ़े-लिखे नेताओं को लालच देकर अपनी ओर लाने की कोशिश की गई जिसमें वे कुछ हद तक सफल भी हुए और आम जनता ने उनका कुछ साथ भी दिया किन्तु इस बार वे आज़ादी के तूफान को रोक नहीं पाए। अपनी प्रख्यात और ऐतिहासिक नीति के बल पर वे केवल उसकी रफ़्तार हलकी कर पाए। 'एकता तोड़ो और राज्य करो', यह भारतवासी जानने लगे थे।

दक्षिण अफ़्रीका में गांधीजी का शिक्षा-कार्य

इसी समय गांधीजी स्वदेश वापस आ गए। वे कस्तूरबा के साथ बम्बई 1914 में पहुँचे। यहाँ गांधीजी के भारत में शिक्षा के प्रयोगों से पूर्व हम उनके दक्षिण अफ़्रीका के शिक्षा-सम्बन्धी प्रयोगों का ज़िक्र करेंगे। दक्षिण अफ़्रीका में रहनेवाले अपने आत्मसम्मान के लिए लड़ाई लड़नेवाले भारतीयों के साथ गांधीजी को कई प्रकार के अनुभव हुए। इन अनुभवों से उन्होंने ज़िम्मेदारी के साथ अच्छी जिन्दगी कैसे

बिताई जाए, इस विषय पर प्रयोग किए। इन प्रयोगों में से वे ज्यादा महत्त्वपूर्ण हैं जो हमारे वर्तमान संदर्भ से ताल्लुक रखते हैं।

गांधीजी ने रस्किन की पुस्तक *'अनटू दिस लास्ट'* पढ़ी और उससे वे अत्यन्त प्रभावित हुए–''मैं विश्वास करता हूँ कि मैंने इस पुस्तक में जो पढ़ा, वह मेरे अपने गहरे अनुभवों को दर्शाता है। इसने मुझे इतना प्रभावित किया कि मुझे पूरा-पूरा जकड़ लिया और मेरे जीवन में इसके कारण गहरे परिवर्तन हो गए।''[5]

'अनटू दिस लास्ट' ने उन्हें कैसे प्रभावित किया उसका उदाहरण देता हूँ–

उन्होंने कहा कि :

–एक व्यक्ति की भलाई सब व्यक्तियों के भले की माँग है।

–एक वकील का काम उतना ही महत्त्वपूर्ण है जितना एक नाई का क्योंकि हरेक को अपने जीवन-निर्वाह के लिए कमाना पड़ता है।

–शारीरिक श्रम का जीवन, यानी कारीगर और किसान का जीवन जीना मनुष्य का अधिकार है और उसमें उसकी इज्ज़त भी है।

गांधीजी ने अपनी आत्मकथा में लिखा है, ''जब मैं जनवरी 1897 में डरबन पहुँचा, मेरे साथ तीन बच्चे थे। मेरी बहन का 10 साल का बेटा और मेरे अपने दो बेटे (9 साल व 6 साल के)। मैं उनकी शिक्षा की कहाँ व्यवस्था करूँ? मैं उन्हें दूसरे, योरोपियन बच्चों के स्कूल में भेज सकता था किन्तु यह होता उनकी कृपा के कारण क्योंकि उनमें दूसरे भारतीय बच्चे नहीं लिए जाते थे। ये स्कूल ईसाई पादरियों के द्वारा खोले गए थे। मेरा मन ऐसा करने के विरुद्ध था। मुझे वहाँ की शिक्षा का तरीका नहीं जँचता था।''[6] गांधीजी का यह मानसिक युद्ध चलता रहा। एक ओर तो उन्होंने प्रचलित शिक्षा-पद्धति को पूरा त्याग दिया लेकिन दूसरी ओर उन्हें तब तक कोई नया विकल्प नहीं सूझा था। अभी तक उनके मन में यह स्पष्ट नहीं था कि उन्हें अपने परिवार के बच्चों की कैसी शिक्षा-व्यवस्था करनी चाहिए। दूसरी ओर, उन्हें पूरा विश्वास था कि केवल वही शिक्षा उचित है जो बालक के मन में अपनी स्वस्थ छवि बनाए और उसके अन्दर अच्छे मूल्यों का संचार करे।

गांधीजी उस समय *इंडियन ओपीनियन* पत्रिका का प्रकाशन और सम्पादन डरबन से करते थे। उन्हें विचार आया कि सारा परिवार एक ऐसे कृषि केन्द्र में जाकर रहने लगे जहाँ परिवार के सारे सदस्य शारीरिक श्रम करें और एक जैसी तनख़्वाह पाएँ तथा साथ-साथ वे उनके द्वारा खोले छापेखाने में भी काम करें। उन्होंने अपने साथियों से इस विचार पर चर्चा की। सभी सहमत हो गए। *'इंडियन*

ओपीनियन' फीनिक्स के एक खुले स्थान पर ले जाई गई। यह स्थान डरबन से 14 मील दूरी पर था। फीनिक्स आवास का आरम्भ सन् 1904 में हुआ। यह एक जिम्मेदार अच्छा बँधा हुआ परिवार बन गया जो गांधीजी के मार्ग दर्शन में अपना जीवन बिताता और काम करता था। एक बार पत्रिका अच्छी तरह बन गई और ठीक काम करने लगी तो गांधीजी ने बच्चों की शिक्षा के लिए एक पाठशाला आरम्भ करने की योजना बनानी शुरू की। 13 जनवरी, 1905 को उन्होंने एक पत्र प्रोफेसर गोखले को लिखा और उनसे सहायता की माँग की। उस पत्र के कुछ वाक्य निम्नलिखित थे, "मेरी इच्छा है कि अगर मेरी आमदनी होती रहे तो मैं दक्षिण अफ़्रीका की धरती पर एक ऐसा स्कूल खोलूँ जो उस देश में सबसे पहले भारतीय बच्चों का स्कूल होगा और जहाँ बच्चों का छात्रावास भी होगा। इसमें दूसरे बच्चे भी पढ़ाई कर सकेंगे किन्तु उनको वहीं निवास करना होगा। इसके लिए भी स्वैच्छिक कार्यकर्ताओं की आवश्यकता है। यहाँ से एक-दो ऐसे अंग्रेज़ी स्वयंसेवक मिल सकते हैं जो अपना जीवन इसके लिए देने के लिए तैयार हो जाएँगे लेकिन भारतीय शिक्षक मिलना तो अत्यन्त आवश्यक है। क्या आप कुछ ऐसे स्नातक तैयार कर सकते हैं जिनकी रुचि पढ़ाने की हो, जिनका चरित्र साफ हो और जो केवल जीवन चलाने के वेतन से सन्तुष्ट हों? जो यहाँ आएँ, वे अनुभवी और अच्छे चरित्रवाले पुरुष होने चाहिए। मुझे कम से कम दो या तीन व्यक्ति चाहिए। वैसे तो उससे भी ज्यादा हों तो उन्हें भी स्थान मिल सकेगा। जब स्कूल अच्छी तरह चलने लगेगा, तब हम एक सैनेटोरियम भी शुरू करेंगे जिसमें खुली हवा में इलाज करने की व्यवस्था होगी...।"[7] आखिर स्कूल में पचास बच्चे हो गए।

गांधीजी ने अपनी आत्मकथा में लिखा है—"जैसे-जैसे फ़ार्म बड़ा होता गया वैसे-वैसे वहाँ के लड़के-लड़कियों के लिए भी शिक्षा की व्यवस्था करनी पड़ी। इसमें हिन्दू, मुसलमान, पारसी और ईसाई लड़के थे और कुछ हिन्दू लड़कियाँ भी। यह सम्भव नहीं था कि कुछ विशेषज्ञों को भी लगाया जाए। मैं खुद भी उसकी ज़रूरत नहीं समझता था। यह इसलिए भी सम्भव नहीं था क्योंकि विशेषज्ञ शिक्षक मिलते नहीं थे और जो मिलते भी थे, उनमें से कोई भी जोहान्सबर्ग से 21 मील दूर जाने के लिए इतनी कम तनख़्वाह पर राजी न होता।...मैं आम परम्परावाली शिक्षा-व्यवस्था में विश्वास नहीं करता था और मुझे अपने अनुभव के आधार पर ही सच्ची शिक्षा-पद्धति की खोज करनी थी।"[8]

गांधीजी अपने मन में पक्के थे कि उन्हें शिक्षा का सच्चा स्वरूप खोज निकालना ही है। हाँ, उन्हें इसके लिए कुछ समय तो लगा, यह खोजने के लिए

कि वे भारत जैसे विशाल देश के लिए ऐसी शिक्षा शैली खड़ी करें जो अधिक से अधिक लोगों तक पहुँच सके। वे इसके बारे में पूरे-पूरे तैयार थे कि यह काम उन्हें भारत के लिए करना ही है, जो उनका घर है, दक्षिण अफ़्रीका के लिए नहीं।

सत्याग्रह आन्दोलन

ऐसी ऊँची बुद्धिवाले मनुष्य होने के कारण वे जैसे ही भारत पहुँचे, उन्होंने यहाँ की राजनीति में कुछ भी हिस्सा नहीं लिया। यहाँ तक कि उन्होंने यहाँ की परिस्थिति पर कोई टीका-टिप्पणी भी नहीं की। पूरे एक साल तक वे भारत यात्रा ही करते रहे—लोगों की जिन्दगी और भावनाओं से अपने आपको परिचित कराने के लिए। वे यहाँ के गाँवों और शहरों की जनता की भावनाओं और उनके जीवन के बारे में खुद जानकारी लेना चाहते थे। गोपालकृष्ण गोखले जी ने भी उन्हें यही राय दी थी। गोखले जी को गांधीजी राजनीति में अपना गुरु मानते थे किन्तु ठीक प्रकार की शिक्षा-पद्धति की खोज करना उनका बुनियादी काम रहा।

दो-तीन साल के अन्दर गांधीजी को तीन प्रमुख सत्याग्रह आन्दोलन करने पड़े। अहमदाबाद के कपड़ों के कारखानों में काम करनेवालों का सत्याग्रह, किसानों के जमीन का किराया देने से सम्बन्धित सत्याग्रह और नील की खेती करनेवाले किसानों से सम्बन्धित चम्पारण सत्याग्रह।

चम्पारण सत्याग्रह गांधीजी के भारत वापस लौटने के बाद की पहली प्रमुख अहिंसक लड़ाई थी। इसका उद्‌देश्य नील उगानेवाले किसानों को मदद करना, उनका मनोबल बढ़ाना और उन्हें नील के खेतों के उन अंग्रेज़ी मालिकों की पकड़ से मुक्त कराना था जो उनका अमानवीय रूप से शोषण कर रहे थे। यह सत्याग्रह नील के खेतों के गोरे मालिकों के शोषण के विरुद्ध पहला महान अहिंसक युद्ध था। इस सत्याग्रह के साथ ही साथ गांधीजी चम्पारण जिले के गरीब निवासियों की स्थिति को सुधारने के बारे में भी विचार कर रहे थे।

चम्पारण में सत्याग्रह पुस्तक में राजेन्द्र प्रसाद जी ने लिखा है, "गांधीजी को आरम्भ से ही विश्वास था कि कोई बाहर की शक्ति इनकी अवस्था में सुधार नहीं ला सकती, जब तक इनकी अपनी मानसिक और नैतिक अवस्था में सुधार नहीं आता। हालाँकि यह प्रश्न सारे भारत पर लागू होता है किन्तु इसकी सफलता का एक दर्शन चम्पारण की अवस्था द्वारा करवाया जा सकता है।...महात्मा गांधी ने

इसलिए तय किया कि चम्पारण में शिक्षा का फैलाव उतना ही आवश्यक है जितना उनकी समस्याओं को हल करना। जाँच कमेटी के काम को शुरू करने से पहले महात्मा जी ने कुछ मित्रों को लिखा था कि उन्हें किस प्रकार के स्वैच्छिक कार्यकर्ताओं की आवश्यकता है।"[9] देश के अलग-अलग इलाकों से उन्हें कुछ शिक्षित स्वयंसेवक अपनी पाठशालाओं को चलाने के लिए मिले। दुर्भाग्यवश बिहार से उन्हें ऐसे शिक्षित व्यक्ति कम मिले। उन्होंने अपनी योजना की जानकारी देने के लिए एक सरकारी अफसर को लिखा, "जिस पाठशाला को मैं खोल रहा हूँ, उसमें केवल 12 साल की उम्र वाले बच्चे ही लिए जाएँगे। उद्देश्य यह है कि जितने बच्चे मिल सकें, उन्हें लिया जाए और उन्हें प्रत्येक ढंग से शिक्षित किया जाए, यानी हिन्दी या उर्दू में और उसी माध्यम से गणित, इतिहास, भूगोल, सरल वैज्ञानिक सिद्धान्त और कुछ औद्योगिक शिक्षा भी दी जाए। कोई नपातुला पाठ्यक्रम अभी तक नहीं बना है क्योंकि मैं अभी तक एक किसी नपे-तुले मार्ग तक नहीं पहुँचा हूँ। अभी की शिक्षा अवस्था को मैं घबराकर और अविश्वास के साथ देखता हूँ। बच्चों की मानसिक और नैतिक शक्ति को बढ़ाने के पहले ही वह उन्हें बौना बना देती है।"[10]

इस क्षेत्र में पाँच स्कूल शुरू हो गए। उनके कुछ साथी इस योजना को चलाने के लिए उनके साथ थे। इस बारे में उन्होंने लिखा है, "प्रचलित शिक्षा की शैली की खामियों को मैं निकालने की कोशिश करूँगा। उद्देश्य यह है कि बालकों का सम्पर्क उन पुरुष और स्त्रियों के साथ हो, जो सभ्य हैं और जिनके चरित्र पर कोई बुरा दाग नहीं है। मेरे लिए वही शिक्षा है। पुस्तकीय शिक्षा जब इसी ओर जाने का साधन बनेगी, तभी वह सच्ची शिक्षा होगी।"[11]

चम्पारण सत्याग्रह सफलता के साथ पूरा हुआ। अपनी आत्मकथा में गांधीजी लिखते हैं, "किराए पर लिए गए मज़दूर, जो अभी तक कुचले हुए थे, अब कुछ अपनापन महसूस करने लगे हैं और जो अन्धविश्वास उन्हें था कि 'नील का दाग' कभी भी धुल नहीं सकेगा, चूर-चूर हो गया।...मेरी इच्छा यह थी कि इस रचनात्मक काम को कुछ और वर्षों तक चलाया जाए, कुछ और स्कूलों की स्थापना करने के लिए और गाँवों के भीतर प्रवेश पाने के लिए। जमीन बिलकुल तैयार थी किन्तु भगवान को, पहले कुछ मौकों की तरह, यह पसन्द नहीं आया कि मेरी योजना पूरी हो। भाग्य ने तय किया कि मैं कहीं और जाकर काम करूँ।"[12]

वे स्कूल कुछ समय तक चलते रहे लेकिन बाद में कार्यकर्ताओं की कमी और जैसी दृष्टि चाहिए थी, उसकी कमी के कारण बन्द हो गए।

साबरमती आश्रम

दक्षिण अफ़्रीका छोड़ते समय फीनिक्स परिवार के सामने यह प्रश्न था कि वे भारत में कहाँ बसेंगे। सी. एफ. एन्ड्रूज के सुझाव पर सारी टोली गुरुदेव रवीन्द्रनाथ ठाकुर की शिक्षा संस्था शान्तिनिकेतन चली गई। वहाँ गांधीजी ने कुछ प्रयोग करने की कोशिश की, ख़ासतौर पर शिक्षा संस्थान में किस प्रकार की रहने की परम्परा होनी चाहिए, इसकी खोज की। इसमें कोई शंका नहीं कि उन्होंने शान्तिनिकेतन के अनुभवों और वहाँ के साथियों के काम के आधार पर कुछ रचनात्मक विचारों से ज़रूर परिचय प्राप्त कर लिया होगा। तो भी शान्तिनिकेतन ऐसा स्थान नहीं था जिसे वे अपनी कार्यशाला बना सकें और अपने प्रयोग भी कर सकें। उनकी अपनी आवश्यकता थी कि जो दृष्टिकोण उनका बन गया था, उसके आधार पर भारत के भविष्य के सिलसिले में प्रयोग करें। फीनिक्स परिवार शान्तिनिकेतन छोड़कर गुजरात चला गया। पहले तो वे कोचरब गए फिर खेर में साबरमती, जो अहमदाबाद के बाहरी इलाके में था। यह वह स्थान है जहाँ गांधीजी ने अपना आश्रम बनाया था।

राष्ट्रीय राजनीति के साथ-साथ गांधीजी की दूसरी ज़िम्मेदारी, जिसने उनके मन को काफ़ी हद तक पकड़ लिया था, भारतवासियों के लिए शिक्षा का नवनिर्माण करना था। वे जानते थे कि प्राचीन भारत में शिक्षा का क्या अर्थ था। एक सम्मेलन में 28 दिसम्बर, 1916 के दिन उन्होंने एक भाषण दिया, जिसकी रिपोर्ट *द लीडर* में छपी थी। उसके कुछ वाक्य इस प्रकार थे, "महात्मा गांधी ने प्राचीन शिक्षा-प्रणाली का विवरण दिया...। प्राथमिक शिक्षा जो गाँव का शिक्षक देता था, वह भी उसके अपने धन्धे को चलाने के लिए अन्य विषयों की शिक्षा भी देता था। जो बच्चे आगे जाकर उच्च शिक्षा के लिए तैयार होते थे, वे अर्थशास्त्र और धर्मशास्त्र में पूरी तौर पर जानकार हो जाते थे। प्राचीन काल में शिक्षा पर कोई प्रतिबन्ध नहीं लगाए जाते थे।...इस प्रकार की शिक्षा-व्यवस्था के कारण ही भारतीय संस्कृति हज़ारों साल तक कितने उतार-चढ़ावों का सामना करती रही।...इसमें कोई शंका नहीं कि संस्कृति की नई लहर भारत में बह रही थी, जिस पर गांधीजी को पूरा विश्वास था कि वह अल्पकालीन है और शीघ्र ही भारतवर्ष की संस्कृति पुनर्जीवित हो जाएगी। पुराने ज़माने में जीवन की बुनियाद आत्मसंयम था, अब आनन्द प्राप्ति जीवन का मूल्य बन गया है। नतीजा यह हुआ कि लोग शक्तिहीन हो गए, कायर हो गए और उन्होंने सत्य का त्याग कर दिया...।"[13]

गांधीजी अपनी आदर्श शिक्षा पद्धति की खोज कर रहे थे किन्तु अभी भी उन्हें 'सच्ची शिक्षा' की खोज करनी थी। यह आखिर 'नई तालीम' बनकर आई। इसके बारे में उन्होंने कहा था कि 'नई तालीम' भारतवर्ष को उनकी आखिरी और उच्चतम भेंट है।

स्वतन्त्र भारत के लिए शिक्षा-शैली

साबरमती आश्रम के पूरा-पूरा स्थापित हो जाने के बाद गांधीजी एक राष्ट्रीय स्कूल की योजना बनाने में जुट गए। योजना विवरण में उन्होंने स्कूल के सिद्धान्तों का ज़िक्र किया। "शिक्षा ऐसी होगी जिसमें शारीरिक, बौद्धिक और धार्मिक विषयों पर बराबर ज़ोर दिया जाएगा। शारीरिक शिक्षा के लिए खेती की शिक्षा और हाथ की बुनाई, बढ़ई और लुहार के औज़ारों का इस्तेमाल करना शामिल होंगे।...इसके साथ-साथ कसरत करना, साथ-साथ कतार बनाकर टोलियों में चलना और दुर्घटना जैसे आग लग जाना, के समय सतर्क रहने की तैयारी की शिक्षा भी दी जाएगी। स्वास्थ्य ठीक कैसे रखा जाए इसका ज्ञान होना घरेलू दवाइयों का सामान्य बीमारियों के समय उपयोग करना, शरीर ज्ञान, वनस्पति विज्ञान का सामान्य उपयोग...। मानसिक शिक्षा के लिए गुजराती, मराठी, हिन्दी और संस्कृत सीखना अनिवार्य होगा। पहले तीन साल अंग्रेज़ी की शिक्षा नहीं होगी। पढ़ाने का माध्यम गुजराती (मातृभाषा या स्थानीय भाषा) सारे शिक्षा काल तक होगा। पाठ्यक्रम में आम विषय जैसे इतिहास, भूगोल, हिसाब-किताब, खगोलशास्त्र भी होंगे। धर्म शिक्षा में मुख्य तौर पर नीतिशास्त्र के सिद्धान्त सिखाए जाएँगे। आशा की जाती है कि शिक्षक विद्यार्थियों को अपने व्यवहार से यह सिखाने की कोशिश करेंगे कि धर्म का सारांश क्या है, अच्छा व्यवहार किसे कहेंगे? गांधीजी ने यह भी स्पष्ट किया कि विद्यार्थियों से कोई फीस नहीं ली जाएगी। स्कूल के दूसरे खर्चे दान के द्वारा पूरे किए जाएँगे।

इस प्रकार की शिक्षा-प्रणाली आज की प्रणाली से अलग होगी जो अलग-अलग विषयों को अलग-अलग वर्गों में पढ़ाती है, जो पाश्चात्य संस्कृति की देन है। गांधीजी ने बराबर इस बात पर ज़ोर दिया कि सारी शिक्षा मातृभाषा के माध्यम से होनी चाहिए। अपने अक्टूबर 1917 के दूसरे गुजरात शिक्षा सम्मेलन के भाषण में कहा, "यह स्पष्ट होना चाहिए कि पहला काम होगा कि तय किया जाए कि शिक्षा का माध्यम क्या होगा। जब तक यह तय किया नहीं जाता, तब तक मैं सोचता हूँ कि हमारी सारी मेहनत बेकार जाएगी।"[14] गांधीजी की यह

मान्यता भी थी कि सारे देश में एक ही आम भाषा होनी चाहिए। उन्होंने इस राष्ट्रीय भाषा के लिए कहा–

–सरकारी अफसरों के लिए सीखना आसान हो।

–सारे देश में धर्म, अर्थव्यवस्था और राजनीति का माध्यम हो और सबको उपलब्ध हो।

–सब भारतीय नागरिकों के लिए उपयोगी भाषा बने।

–सबके लिए सीखना आसान हो, ऐसी भाषा चुनने के लिए किसी अल्प या अस्थायी कारण को स्थान न दिया जाए।

यह स्पष्ट था कि अंग्रेज़ी भाषा उपरोक्त मुद्‌दों में से एक पर भी लागू नहीं हो सकती है। "तो फिर कौन-सी भाषा लागू हो सकती है? हमें मानना पड़ेगा कि वह भाषा है हिन्दी, (अन्ततः हिन्दुस्तानी), देवनागरी या उर्दू में लिखी जाए।"[15] हिन्दुस्तानी के पक्ष में तर्क करते हुए उन्होंने भारत की दूसरी भाषाओं पर नज़र डाली और आखिर उनकी दलील 'हिन्दुस्तानी' के पक्ष में बनी रही।

सम्मेलन का ध्यान उस ओर खींचने के लिए यह पता करें कि कौन-से ऐसे विषय हैं जो नहीं सिखाए जाते। उन्होंने सबसे पहले ज़िक्र किया चरित्र-निर्माण का। उन्होंने कहा कि यह ऐसा विषय है जिस पर हर शिक्षा-व्यवस्था का ध्यान होना चाहिए। दूसरे विषय होंगे, संगीत और शारीरिक ट्रेनिंग। उन्होंने स्त्रियों की शिक्षा पर भी ज़ोर दिया।

डिग्रियों का लालच नवयुवकों में शिक्षा के लिए एक बड़ी अड़चन है। "हम सोचते हैं कि परीक्षाओं में प्रवीणता पाना हमारे जीवन की एक आवश्यकता है।" हम मानते हैं कि हमारा जीवन परीक्षाओं में सफलता पाने पर निर्भर हो। गांधीजी ने कहा "भारत परीक्षा की परम्परा को कभी नहीं जानता था। यह विषय काफ़ी बाद में आया। इस विषय में विद्यार्थियों को यह पाठ पढ़ाया जो उनके दिमाग़ में पक्का होकर बैठ गया कि परीक्षा पास करना ही शिक्षा का एकमात्र उद्‌देश्य है।"[16]

उन्होंने अपनी शिक्षा योजना में कहा, "आज परीक्षाएँ बिलकुल अवांछनीय हैं, इस संस्था में विद्यार्थियों की नियमित तौर पर परीक्षाएँ दो उद्‌देश्यों के लिए ली जाती हैं। उनका उद्‌देश्य होता है कि पता किया जाए कि शिक्षक और विद्यार्थी ने नियमों का पालन किया है या नहीं। इससे विद्यार्थी इसके कारण परीक्षाओं के डर से मुक्त हो जाता है।"[17]

राष्ट्रीय विश्वविद्यालय-विद्यापीठ

पहले विश्वयुद्ध के बाद भारत बेकार में इन्तजार करता रहा कि ब्रिटिश राज्य का हृदय परिवर्तन हुआ या नहीं। इसके बदले में उसे रौलेट एक्ट मिला, जो भारतवासियों को बिलकुल ग़लत लगा। अप्रैल 1919 में अमृतसर में अंग्रेज़ी फौज द्वारा एक हज़ार निःशस्त्र व्यक्ति जलियाँवाले बाग में हत्या के शिकार हुए। इस कारण भारतवासियों को बहुत गहरा धक्का लगा और वे विदेशी राज्य के ख़िलाफ खड़े हो गए। गांधीजी ने कहा कि जलियाँवाला बाग तो केवल शुरुआत थी–"हमें धीरज के साथ न केवल एक हज़ार निर्दोष स्त्री-पुरुषों की हत्या के बारे में सोचना चाहिए, बल्कि कई हज़ारों की मौत के लिए भी तब तक के लिए तैयार रहना होगा जब तक दुनिया में हमें ऐसा स्थान नहीं मिल जाता जो सबसे अधिक निराला हो। तब तक के लिए सभी को, जो इसके बारे में सोचते हैं–फाँसी के तख्ते पर चढ़ने की हिम्मत रखनी चाहिए और फाँसी को रोजाना का सामान्य काम मान लेना चाहिए।"

पहली अगस्त, 1920 को उन्होंने वायसरॉय को लिखा "मैं एक ऐसी सरकार के लिए न तो इज्ज़त और लगाव रख सकता हूँ जो अपनी अनैतिकता की रक्षा के लिए एक ग़लती के बाद दूसरी ग़लती करती जाती है।"[18] अखिल भारतीय कांग्रेस और गांधीजी ने जनता को नारा दिया कि सम्पूर्ण देश पूरी क़ानूनी व्यवस्था, सरकारी पाठशालाओं और अदालतों के साथ सम्पूर्ण असहयोग का ऐलान करें। गुजरात के 27-29 अगस्त, 1920 वाले सम्मेलन ने एक प्रस्ताव पेश किया जिसकी माँग थी–

- पदधारी, उपाधिकारी अपने खिताब त्याग करके पदवियों को वापस कर दें।
- वकीलों को अदालतें छोड़कर, विवादों को छोड़कर उनके बाहर ही फैसले कराने की कोशिश करनी चाहिए।
- माता-पिताओं को अपने बच्चों को, जो सरकारी या सरकार से कोई भी सम्बन्ध रखनेवाले स्कूलों में पढ़ते हैं, निकाल लेना चाहिए।
- जो लोग इन संस्थाओं के इलेक्शनों में हिस्सा लेते हैं जिनका सम्बन्ध सरकार से हो, उन्हें अपनी सदस्यता वापस ले लेनी चाहिए, और
- हर व्यक्ति बूढ़ा, जवान या बच्चा, स्वदेशी आन्दोलन के साथ जुड़े और कपास कताई की प्रवृत्ति में लगे। स्वदेशी का नियम है कपास कातना।

हालाँकि यह राजनैतिक आन्दोलन था तो भी उसका देश की शैक्षणिक परिस्थिति पर गहरा असर पड़ा। इसका प्रारम्भ हुआ विद्यापीठों, राष्ट्रीय स्कूलों और कालेजों के निर्माण से। गांधीजी ने 1920 के नवम्बर माह में गुजरात विद्यापीठ की स्थापना की। इस प्रकार की राष्ट्रीय संस्थाएँ कलकत्ता, पटना, अलीगढ़, बम्बई, बनारस और दिल्ली में बनीं। गांधीजी और मोहम्मद अली के प्रयत्न से मुस्लिम विश्वविद्यालय जामिया मिलिया का गठन हुआ।

इन संस्थाओं के निर्माण से भारतीय जनता में महत्त्वपूर्ण शैक्षणिक जागरण हुआ। इन ज्ञान केन्द्रों की स्थापना के कारण देश ने शिक्षा की ओर एक नया कदम उठाया। विद्यार्थियों को अपनी सांस्कृतिक बुनियाद की तरफ इशारा किया। इसके माध्यम से विद्यार्थियों में आज़ादी की भावनाएँ जगाईं गईं, और एक स्वस्थ व्यक्तित्व का निर्माण हुआ। इस तरह आज़ादी के लिए लड़नेवाली फौज तैयार हुई जिसने आज़ादी के युद्ध 1930 के नमक सत्याग्रह को चलाया। इससे भी अधिक महत्त्वपूर्ण यह था कि गांधीजी ने राष्ट्रीय स्तर की शिक्षा-प्रणाली–'बुनियादी तालीम' की 1937 में नींव डाली। उस समय तक गुजरात विद्यापीठ और जामिया मिलिया इस्लामिया अपना जीवन प्रारम्भ कर चुके थे जिसके कारण बुनियादी तालीम को अच्छी तरह आज़माने का रास्ता तैयार हो चुका था।

बुनियादी तालीम को रवीन्द्रनाथ की शिक्षा-प्रणाली की देन

1920 और 1937 में स्वतन्त्रता आन्दोलन ने सारे देश में ज़ोर पकड़ लिया था। इसका असर इन संस्थाओं पर भी पड़ा था। देश की अपनी सांस्कृतिक बुनियादों के बारे में और उन पर औपनिवेशिक राज्य द्वारा गहरी हानि पहुँचाने की भारत को अच्छी ख़ासी जानकारी और समझ हो गई थी। साथ-साथ जिन्दगी के बारे में गांधीजी की समझ-बूझ द्वारा यह स्पष्ट हो गया था कि स्वस्थ भारत का पुनः निर्माण करने के लिए दो मौलिक तत्त्वों की ज़रूरत है, और वे हैं–व्यक्ति की शिक्षा और राष्ट्रीय स्वतन्त्रता। ये दोनों एक ही सिक्के के दो पहलू हैं–यानी सच्ची स्वतन्त्रता के। गांधीजी के सामने यह स्पष्ट था कि विदेशी राज्य से मुक्ति पाए बिना एक नई शिक्षा-व्यवस्था का निर्माण करना असम्भव होगा। इसी दृष्टिकोण से नई तालीम के विकास को समझना चाहिए।

शान्तिनिकेतन और विद्यापीठों को छोड़कर ज्यादातर ऐसी संस्थाएँ थीं जिन्होंने अपना मूल महत्त्व खो दिया था या फिर वे सरकार के सहारे पर पूरी-पूरी

निर्भर थीं। उनमें कुछ ऐसी थीं जो केवल अमीरों की आवश्यकता की तरफ देखतीं थीं जिसके लिए भी उन्हें सरकार पर निर्भर होना पड़ता था। गुरुदेव रवीन्द्रनाथ ने शान्तिनिकेतन को जानबूझकर राजनीति से मुक्त रखा था। कुछ व्यक्ति, विद्यार्थी और शिक्षक कभी-कभी स्वतन्त्रता संग्राम में भाग लेते थे पर वे भी राजनीति से मुक्त रहते थे। इस विषय पर कुछ चर्चा करने को छोड़कर, मैं रवीन्द्रनाथ के शिक्षा-सम्बन्धी विचारों और गांधीजी की नई तालीम शिक्षा को विकसित करने के बारे में कुछ कहूँगा।

सबसे कारगर तो यह होगा कि हम दोनों पद्धतियों के प्रभावपूर्ण अंग देखें। उनकी वैचारिक एकता और भिन्नता देखें। किन्तु पहले यह देखें कि उनके बुनियादी सिद्धान्तों में क्या एकता और क्या भिन्नता है; और यह देखें कि वे मूलभूत रूप में कितने नज़दीक हैं। गुरुदेव रवीन्द्रनाथ के मुताबिक शिक्षा के तीन आवश्यक मूल तत्त्व हैं–

– मातृभाषा–केवल शिक्षा के माध्यम के लिए नहीं बल्कि मनुष्य-मनुष्य के बीच की भाषा;
– प्रकृति, जिसके हम अटूट अंग हैं;
– सृजनात्मक कार्य;

यह बड़ी सन्तोषदायक बात है कि बुनियादी तालीम में भी, जिसे गांधीजी ने देश के सामने 1937 में रखा था, ऐसे ही तीन तत्त्व थे। वे अपने विश्वास में पक्के थे। उन्होंने कहा था कि शिक्षा का माध्यम स्कूलों और कॉलेजों में मातृभाषा या स्थानीय भाषा हो। उन्होंने यह भी कहा था कि लोगों के बीच आदान-प्रदान के लिए वह भाषा हो जो सब नागरिक जानते हों और जिसे आसानी से सीखा जा सके यानी वह कारगर सिद्ध हो।

बुनियादी शिक्षा के हिसाब से मनुष्य की सभी ज़रूरतों की पूर्ति–शारीरिक और आध्यात्मिक–मानव समाज और प्रकृति के बीच के सम्बन्धों पर निर्भर करती है। इसीलिए बुनियादी शिक्षा में मनुष्य के प्रकृति के साथ के सम्बन्धों पर ज़ोर दिया जाए। 1901 में शुरू हुए गुरुदेव के शिक्षा कार्यक्रम में प्रकृति के ज्ञान, सृजनात्मकता और जीवन-निर्वाह को सबसे प्रमुख माना गया।

तीसरा तत्त्व गुरुदेव के हिसाब से सृजनात्मक प्रवृत्तियाँ हैं। गांधीजी ने इसे अर्थमय शारीरिक श्रम कहा है। इस सिलसिले में शायद कुछ मतभेद हो सकते हैं। गांधीजी के अनुसार शारीरिक श्रम रोज़ी और ज्ञान का साधन है। मगर गुरुदेव रचनात्मक कामों के आर्थिक पक्ष की बात नहीं करते। उनके लिए यह 'कला' है। क्लासिकी अर्थों में वह, जो मानवों के धार्मिक और भावनात्मक समेत तमाम

उपयोगों के लिए रचती है, चीज़ें बनाती है। दूसरी तरफ गांधीजी इसे धन्धा पाने का साधन और साथ-साथ ज्ञान पाने का साधन भी मानते हैं।

मुझे नहीं लगता कि दोनों के बीच कोई निर्णायक भेद है। दरअसल मेरे विचार से दोनों के बीच वर्ग भेद ज़रूर है। जबकि गांधीजी की दृष्टि सार्वजनिक है, गुरुदेव की कुछ वर्गवादी (एलीटिस्ट) लगती है। यह अचम्भे की बात है कि शताब्दी के पहले ही गुरुदेव ने दुनिया को ऐसी सर्वमुखी शिक्षा-प्रणाली दी थी जिसमें सृजनात्मक प्रवृत्तियाँ सबसे अधिक महत्त्व रखती थीं। गुरुदेव की इस विचारधारा का असर गांधीजी पर भी काफ़ी पड़ा था।

बुनियादी तालीम का फैलाव

जिस फल को गांधीजी दो दशकों से पोस रहे थे, वह अब करीब-करीब पक गया था। देश की राजनैतिक अवस्था कुछ बदल गई थी। सन् 1935 के विधान सभाओं के चुनावों के बाद अंग्रेज़ी राज्य को मानना पड़ा था कि देश की नौ प्रान्तीय सभाओं के लिए कांग्रेस का मंत्रिमंडल बनाना पड़ेगा। ये कांग्रेस की सरकारें जो करना चाहती थीं, उसके अलावा करने के लिए, गांधीजी ने उन्हें उस समय की शिक्षा-प्रणाली को हटाकर शिक्षा की एक नई योजना लागू करने के लिए दी।

अक्टूबर 1937 में गांधीजी ने एक सम्मेलन बुलाया जिसमें देश के अनेक शिक्षा विशेषज्ञों ने भाग लिया। साथ-साथ कई प्रान्तों के शिक्षा मंत्री भी सम्मेलन में आए। गांधीजी ने अपनी 'बुनियादी तालीम' योजना सम्मेलन में प्रस्तुत की। सम्मेलन ने इन प्रस्तावों को पूरी सम्मति प्रदान की–

– सात से चौदह साल के हर बच्चे को निःशुल्क और अनिवार्य शिक्षा मिलनी चाहिए;
– शिक्षा का माध्यम मातृभाषा हो;
– पूरे समय शिक्षा किसी शारीरिक उत्पादक श्रम द्वारा केन्द्रित हो और दूसरी सब प्रवृत्तियाँ उस हस्तोद्योग के साथ सम्बन्धित हों। हस्तोद्योग चुनने में बच्चे के वातावरण पर पूरा ध्यान रखा जाए;
– इस शिक्षा-व्यवस्था में शिक्षक का वेतन बच्चों और शिक्षकों के किए उत्पादक काम में से निकलेगा।[19]

कुछ समय बाद 'हिन्दुस्तानी तालीमी संघ' का निर्माण हुआ। यह अखिल भारतीय संस्था सारे देश में बुनियादी शिक्षा का विकास करेगी और प्रायोगिक

बुनियादी शिक्षा की पाठशालाओं को गठित करेगी। पहले प्रयोग के रूप में पहली पाठशाला गांधीजी के आश्रम सेवाग्राम में शुरू की गई। वहाँ हिन्दुस्तानी तालीमी संघ का केन्द्रीय दफ्तर भी बनाया गया। दूसरी प्रायोगिक पाठशाला जामिया मिलिया इस्लामिया में बनी। जामिया मिलिया की स्थापना ज़ाकिर हुसैन और मोहम्मद अली द्वारा की गई थी। गांधीजी ने ज़ाकिर हुसैन को, जो जामिया के प्रमुख थे, अध्यक्ष और ई.डब्लू. आर्यनायकम को हिन्दुस्तानी तालीमी संघ के मंत्री के तौर पर नियुक्त किया।

देश में शिक्षा के पुनर्जीवन की लहर फैलती नज़र आई। कुछ प्रान्तों ने शिक्षा का पुनर्गठन करने के लिए कमेटियाँ बनाईं। देश के कुछ हिस्सों में शिक्षक-ट्रेनिंग और रिफ्रेशर ट्रेनिंग केन्द्र खुले। कुछ बुनियादी पाठशालाएँ खोली गईं और कुछ चल रही प्राइवेट पाठशालाओं को बुनियादी पाठशालाओं में परिवर्तित किया गया। प्रान्तों के शिक्षकों के लिए बुनियादी तालीम पर नया साहित्य प्रकाशित हुआ। अनुभवी शिक्षकों ने उनके विषयों के लिए सात साल का पाठ्यक्रम तैयार किया।

दो साल के काम के बारे में आर्यनायकम जी ने अपनी रिपोर्ट में लिखा : "...बुनियादी शिक्षा मध्य प्रदेश, उत्तर प्रदेश, बिहार, उड़ीसा, बम्बई और कश्मीर की सरकारों और कुछ गैर सरकारी संस्थाओं द्वारा एक प्रयोग के तौर पर चलाई गईं। कुल मिलाकर उनमें 12 ट्रेनिंग स्कूल और कॉलेज थे और पाँच हज़ार से कुछ अधिक पाठशालाएँ थीं, जो बुनियादी शिक्षा का प्रयोग कर रही थीं।"

सन् 1939 के आखिर में कांग्रेस मंत्रिमंडलों ने सातों प्रदेशों में इस्तीफा दे दिया। जो पाठशालाएँ गैर सरकारी संस्थाओं द्वारा चलाई जा रही थीं, चलती रहीं। जिसका अर्थ यह हुआ कि आम जनता में उनके काम के प्रति रुचि बन गई थी। उदाहरणार्थ उड़ीसा में, जहाँ सरकार ने अपनी बुनियादी पाठशालाएँ बन्द कर दी थीं, प्रयोग के दूसरे साल प्रान्त की जनता ने उन्हें खुद चलाना शुरू कर दिया। पन्द्रह पाठशालाओं में सात कार्यरत रहीं। बुनियादी पाठशालाएँ 'भारत छोड़ो' संघर्ष, 1942 की शुरुआत तक कार्यरत रहीं। उसके बाद अधिकतर सक्रिय कार्यकर्ताओं और गांधीजी के अन्य रचनात्मक कार्यों में लगे हुए कार्यकर्ताओं को जेल में डाल दिया गया। गांधीजी पहले कैदी बनाए गए।

दूसरा बुनियादी तालीम सम्मेलन दो साल के बाद जामिया मिलिया में हुआ। एक प्रस्ताव में बुनियादी तालीम की पाठशालाओं के दो-दो साल के काम के बारे में कहा गया, "यह सम्मेलन पूरे सन्तोष के साथ बुनियादी तालीमी संघ द्वारा चलाई गई पाठशालाओं और गैर सरकारी संस्थाओं में हुए दो साल के काम का

हवाला देता है और एकमत से कहता है कि शिक्षा का आम स्वर, बच्चों का स्वास्थ्य, उनका बर्ताव और मानसिक विकास काफ़ी उत्साहवर्धक रहा। बुनियादी पाठशालाओं में बच्चे अधिक क्रियात्मक, प्रसन्न, आत्मनिर्भर बने तथा उनकी आत्मप्रकटन की शक्ति का अच्छा विकास हुआ। वे सहयोग की वृत्ति की ओर रुचि रखने लगे और उनकी पूर्व धारणाएँ भी हटने लगीं। नई शिक्षा के प्रारम्भिक काल में स्वाभाविक ही होनेवाली कठिनाइयों के बावजूद, नई चिन्तनधारा, नए आदर्श और पद्धति के विवरण के आधार पर यह सम्मेलन, यह आश्वासन देता है कि आगे चलकर और भी अच्छे नतीजे निकलेंगे।''[20]

स्वतन्त्रता के लिए अहिंसक युद्ध

सन् 1942 का 'भारत छोड़ो' अहिंसक युद्ध देश के लिए एक महत्त्वपूर्ण अनुभव रहा। ख़ासतौर पर इसने देश में पहले से चल रही आज़ादी की लड़ाई को मुड़कर पीछे देखने का और उसकी मुश्किलों और सफलताओं को समझने का मौका दिया। दो दिन के अन्दर ही गांधीजी के अनेक साथियों को भी जेल में डाल दिया गया। केवल वे कार्यकर्ता ही बाहर रहे जो या तो छुप गए थे या फिर सरकार द्वारा उन्हें अपनी ओर कर लेने के लिए छोड़ दिया गया था। उन राजनैतिक पार्टियों के सदस्य भी बाहर रहे जो भारत छोड़ो आन्दोलन से मतभेद रखते थे।

किन्तु हमारा तो यहाँ केवल उनसे ही सम्बन्ध है जो गांधीजी के नज़दीक थे और उनके रचनात्मक कार्य में दिल से जुड़े थे।

गांधीजी जेल में लगभग दो साल रहे। वह काल उनके जीवन में शायद सबसे कठिन रहा। जीवन के दो सबसे नज़दीकी साथियों का उसी जेल में देहान्त हो गया—उनकी पत्नी कस्तूरबा और महादेव देसाई, उनके दाहिने हाथ। उस काल में उन्होंने गहरा आत्मपरीक्षण किया होगा—हर उस प्रवृत्ति का जो जीवन में रही होगी और उसका भी, जो वे अपने जीवन में करना चाहते थे। उनकी आजीवन तपस्या, एक शिक्षक के नाते, उनसे पूछती होगी कि वे अभी तक शिक्षा का सच्चा रूप क्यों नहीं खोज पाए। उसे, जिसे वे अपने परिवार के बच्चों को देने के लिए खोज रहे थे। उन्होंने अपने से कितने सवाल पूछे होंगे, जिनमें से बुनियादी तालीम और उसका भविष्य एक महत्त्वपूर्ण सवाल रहा होगा!

जब गांधीजी 6 मई, 1944 को जेल से छूटे तब उनके सामने दो मुख्य प्रश्न थे। पहला तो यह कि भारत से अंग्रेज़ी राज्य जल्द से जल्द कब समाप्त होगा,

और दूसरा यह कि वे भारत की जनता को इस प्रकार शिक्षित करें, ऐसी आज़ादी के लिए तैयार करें जिसके द्वारा वे निराशा और गरीबी की सतह से उठकर अपने जीवन का पुनर्निर्माण कर सके।

शताब्दी के एक चौथाई काल में गांधीजी अन्य दूसरे सामाजिक क्रान्तिकारियों से बिलकुल अलग प्रकार का अहिंसा का युद्ध दो मैदानों में लड़ रहे थे। एक तो राजनैतिक मैदान में, दूसरा सामाजिक और आर्थिक मैदान में। वे जनता के जीवन के हर पहलू को नए तौर से निर्मित करने की कल्पना और उत्साह दे रहे थे। वे अट्ठारह मुद्दोंवाले रचनात्मक विकास के कार्यक्रम द्वारा प्रचलित कपड़ों, खाने के उद्योगों, शिक्षा-व्यवस्था, स्वास्थ्य और साफ-सफ़ाई के उद्योगों की सामाजिक स्थिति को बदलकर उनके सहयोगी जीवन जीने की योजना बना रहे थे।

जब कभी कोई जनता के जीवन में बदलाव लाने का विचार और सुझाव देता था और वह उन्हें ठीक लगता था तो वे तुरन्त उस सुझाव को अमल में लाने के लिए लग जाते थे।

उदाहरणार्थ, कुष्ठ रोग ठीक तरह नहीं समझा जा रहा था। कुष्ठ रोगियों को अछूतों से भी नीचे माना जाता था। गांधीजी इस रोग के बारे में दोनों तरफ से काम कर रहे थे–एक तो मैडिकल पहलू, दूसरा सामाजिक पहलू। आम जनता में दोनों के बारे में ग़लतफहमियाँ थीं, जिसके बारे में वे बहुत चिन्तित रहते थे। सन् 1946 में एक महाशय आए जो स्वयं को कुष्ठ रोग से मुक्त कर सके थे। वे गांधीजी से मिले। मुझे अच्छी तरह याद है जो गांधीजी ने उनसे कहा था, ''आपको मेरे पास भगवान ने भेजा है, इस आशा से कि आप एक ऐसा अखिल भारतीय आन्दोलन चलाएँगे जो हमारी इस मानवीय ग़लतफहमी और दृष्टि को दूर कर देगा। इस प्रकार कुष्ठ रोग आन्दोलन गांधीजी के रचनात्मक कार्यक्रम के 18 कार्यक्रमों में से एक बन गया।

दूसरे युद्ध के प्रारम्भ के समय, जब जापानियों ने भारत के किनारों पर, बमबाजी शुरू कर दी थी, गांधीजी ने 'अहिंसक स्वदेश रक्षा' की विचारधारा देशवासियों के सामने रखी किन्तु कांग्रेस पार्टी ने उसे स्वीकार नहीं किया। गांधीजी का विचार था कि एक बार देश स्वतन्त्र हो जाए तो, वह अपनी ही राजनैतिक, आर्थिक और सामाजिक ढंग की ऐसी योजनाएँ बनाएगा, जो प्रचलित नीतियों से, (जिन्हें वे किसी भी हालत में चालू नहीं रखना चाहते थे) बिलकुल अलग ढंग की विचारधारा के आधार पर होंगीं।

जीवन के द्वारा शिक्षा और जीवन के लिए शिक्षा

आगा खाँ महल में बन्दी रहने के काल में गांधीजी को आत्मनिरीक्षण के लिए समय मिला। सन् 1944 में जेल से छूटने के बाद उन्होंने कहा, "जेल में बुनियादी तालीम की सम्भावनाओं के बारे में गहरे तौर पर तब तक सोचता रहा जब तक मेरे दिमाग़ को चैन नहीं मिला। हमें अपनी सफलताओं से सन्तुष्ट होकर बैठ नहीं जाना चाहिए। हमें बच्चों के घरों में प्रवेश करना चाहिए। उनके माता-पिताओं को शिक्षित बनाना चाहिए। बुनियादी शिक्षा सचमुच में जीवन की शिक्षा हो जानी चाहिए...। मेरे मन में यह स्पष्ट हो गया है कि हमें बुनियादी शिक्षा की पहुँच को आगे बढ़ाना चाहिए...। बुनियादी शिक्षां के शिक्षक को अपने आपको विश्व दृष्टिवाला शिक्षक मानना चाहिए। उसका गाँव उसका विश्व है।"[21]

दिसम्बर-जनवरी 1944-45 के महीने में नई तालीम का एक सम्मेलन हुआ। अपने प्रस्तावना भाषण में उन्होंने सारी योजना के पुनर्गठित और परिवर्धित रूप को प्रस्तुत किया। उन्होंने बुनियादी तालीम के शिक्षकों को सम्बोधित किया, "हालाँकि हम नई तालीम के लिए पिछले कई वर्षों से काम कर रहे हैं, हम इतने साल बाद भी समुद्र तट के पास ही हैं, जो मुकाबले में सुरक्षित है। अब हमें समुद्र तट को छोड़कर खुले समुद्र में जाना है। अभी तक हमारे काम की योजना का रूप स्पष्ट था। अब हम अपरिचित समुद्र पर आए हैं, जहाँ हमारा पथ-प्रदर्शक केवल ध्रुवतारा है और हमारा ध्रुवतारा हमारे ग्रामीण हस्त उद्योग हैं।

"हमारे काम का दायरा केवल सात साल से चौदह साल के बच्चे तक ही नहीं बल्कि सारा जीवन, गर्भावस्था से लेकर आखिरी साँस लेने तक है। इसका अर्थ यह हुआ कि हमारा काम बहुत बढ़ गया है, हालाँकि काम करनेवाले वही हैं। हमारा मार्गदर्शक सत्य है जो खुद ईश्वर है। वह हमें कभी भी नहीं छोड़ेगा। किन्तु सत्य हमारी सहायता तभी करेगा जब हम उसके साथ रहेंगे—चाहे कुछ भी हो जाए। इसमें आडम्बर, छिपाने का घमंड, क्रोध और लगाव का कोई स्थान नहीं है।

"हमें ग्रामवासियों का शिक्षक बनना है यानी सच्चे मायने में उनके सेवक बनना है। उसके लिए हमें जो पुरस्कार मिलेगा, वह बाहर से नहीं आएगा। वह आएगा हमारे अपने भीतर से। हमारी इस खोज में कोई साथ है या नहीं, इससे कोई फ़र्क नहीं पड़ेगा और न ही नई तालीम किसी बाहरी आर्थिक मदद पर निर्भर करेगी। आलोचक चाहे कुछ भी कहें, हमें अपने रास्ते पर चलते रहना चाहिए। मैं जानता हूँ कि सच्ची शिक्षा को आत्मनिर्भर होना चाहिए। इसमें लज्जा की कोई

बात नहीं है। यह एक नई बात होगी अगर हम यह दावा कर सकें कि हमारी यह शिक्षा-पद्धति मनुष्य की बुद्धि का विकास करने का सच्चा रास्ता है। जो आज नई तालीम पर तानाकशी करते हैं, वे एक दिन हमारी तारीफ करने लगेंगे और नई तालीम को वैश्विक मान्यता मिलने लगेगी। चाहे यह केवल स्वप्न हो या व्यावहारिक असलियत, यही नई तालीम का लक्ष्य है और इससे कुछ कम नहीं। सत्य का भगवान हमारी सहायता करे कि हमें इसमें सफलता मिले।

"मैं आपका ध्यान एक और चीज़ की ओर खींचना चाहता हूँ। मैं सेवाग्राम केन्द्र को नई तालीम का एक आदर्श केन्द्र मानता हूँ। वह इसलिए कि यहाँ अखिल भारतीय चरखा संघ अपना मुख्य प्रयोग कर रहा है। वर्धा दूसरे ग्रामोद्योगों का केन्द्रीय स्थान है।...सेवाग्राम वहाँ अकेली संस्था नहीं है; वहाँ यह लगभग 20 गाँव के बीच में कार्यरत है इसलिए, अगर नई तालीम का प्रयोग कहीं प्राकृतिक ढंग से चलाया जा सकता है तो वह यहीं सबसे उपयुक्त है।"[22]

नई तालीम की जो योजना गांधीजी ने सुझाई है, वह समाज में हर इनसान की शिक्षा के लिए है। इसमें निम्नलिखित तत्त्व शामिल हैं–

- प्रौढ़ शिक्षा सारे समाज के लिए–इसमें माता-पिता और नवजात शिशुओं के माता-पिता शामिल हैं;
- पूर्व बुनियादी शिक्षा–ढाई साल से लेकर सात साल के बच्चों के लिए;
- बुनियादी तालीम–सात साल से चौदह साल के बच्चों के लिए;
- उत्तर बुनियादी तालीम–चौदह से अट्ठारह साल के बच्चों के लिए;
- विश्वविद्यालय स्तर की शिक्षा–अट्ठारह साल से ऊपर के जवानों की शिक्षा होगी।

गांधीजी का सबसे महत्त्वपूर्ण ऐलान उस समय यह था कि हर रचनात्मक कार्य नई तालीम की भावना और योजना से जुड़ा हुआ होना चाहिए। दूसरे शब्दों में कहें तो हर रचनात्मक कार्य की हर प्रवृत्ति को नई तालीम का अंग माना जाना चाहिए।

कई संस्थाएँ जो पहले बुनियादी शिक्षा का काम कर रही थीं फिर से उसमें लग गईं। इस प्रसंग में पहला नाम आता है सेवाग्राम का। मेरा सौभाग्य था कि तब मुझे सेवाग्राम में कला विभाग बनाने और कला शिक्षक का काम करने के लिए बुलाया गया था। पहले तो छह महीनों का शिक्षक-शिक्षण विभाग का काम था। साथ में एक बड़ी अच्छी सक्रिय पाठशाला थी जो देश में खुलनेवाली बुनियादी पाठशालाओं के लिए एक आदर्श बन गई थी। मुझे यह सोचकर आनन्द तो होता ही है किन्तु साथ-साथ मन पूछता है कि यह कैसे हुआ? कि गया था छह महीने

के लिए और नई तालीम के काम में लगा रहा अट्ठारह साल तक। नवम्बर 1944 में मैंने सेवाग्राम की नई तालीम की टोली के साथ गांधीजी के मार्गदर्शन में शिक्षक शिक्षण विद्यालय और नई तालीम पाठशाला में कला शिक्षक के तौर पर काम किया। मुझे वहाँ का अपना पहला दिन याद है बच्चों के चमकते हुए और शिक्षकों के उत्साह भरे चेहरे! शिक्षक-शिक्षण शिविर में लगभग 60 शिक्षक, करीब-करीब भारतवर्ष के सभी प्रदेशों से आए थे। यह टोली सक्रिय थी जिसमें 20 और 50 साल के बीच की उम्र के तेजस्वी और उत्साही चेहरेवाले स्त्री और पुरुष थे।

चिन्तन करो—कुछ करने से पहले और उसे करने के बाद

सेवाग्राम में काम सुबह 6 बजे प्रार्थना के बाद शुरू होता था और उसके बाद नाश्ता। उसके बाद हम सब टोलियों में बँट जाते थे और सारे आश्रम की सफ़ाई करते थे, साथ में सारे स्नानघरों और शौचालयों की सफ़ाई भी। सबसे पहले शौचालय की। दरअसल भारत में शौचालय की सफ़ाई केवल अछूत ही किया करते थे। जब पहली बार मैंने नई तालीम के इस काम के पहलू को देखा, तो मुझे पैस्तोलॉजी के शब्द याद आ गए कि वे उनके, यानी गरीबों और अशिक्षित लोगों के स्तर तक उतर गए जिससे कि वे उन्हें अपने साथ ऊपर उठा सकें। एक बड़ा ही भावनात्मक विचार था वह मेरे लिए। दरअसल पाठशाला के सारे शिक्षकों और सेवाग्राम समाज के सदस्यों ने सफ़ाई को एक शस्त्र और कला मान लिया था और उसके बारे में 'क्या' और 'कैसे' के सवाल अपने से और समाज से पूछने शुरू कर दिए थे। वे उसके बारे में अधिक से अधिक जानकारी ढूँढ़ना चाहते थे। पाठशाला में और समाज में यह अपने आपमें एक स्वतन्त्र विषय बन गया था।

पैंतालिस मिनट की आम सफ़ाई की क्लास के बाद हर एक अपनी कार्यशाला में चला जाता था—कुछ खेती के लिए जिरारो रागाज के लिए अनाज, भाजी और फल आते थे। कुछ कढ़ाई और बुनाई के काम के लिए, कुछ अन्य कार्यशालाओं में और कुछ रसोई में खाना तैयार करने के लिए। हम सब बारी-बारी से रोजाना खाना बनाते थे। धीरे-धीरे सामाजिक आवश्यकता के आधार पर कार्यशालाओं की संख्या बढ़ गई और शैक्षणिक कार्यक्रम भी बढ़ा, उदाहरणार्थ यांत्रिक कार्यशाला। मैंने अपना विभाग कलाभवन बनाया। उसके साथ कुम्हार-कार्य का स्टूडियो भी बनाया।

दोपहर में दो घंटे भोजन करने (ब्रेक) के बाद हर विद्यार्थी अपनी-अपनी क्लास में दिन का काम करने के लिए चला जाता था। इन क्लासों में बौद्धिक

विषयों और उनके आपसी सम्बन्धों पर ज़ोर दिया जाता था। इनमें शामिल होता था–कार्यशालाओं और खेतों का काम–कार्य व्यवस्था, औज़ारों का इस्तेमाल, गणित, विज्ञान, भूगोल, इतिहास इत्यादि। एक सिद्धान्त को समझना, जो बहुत महत्त्वपूर्ण था, यह था कि–"सोचो, काम करने के पहले और फिर काम करने के बाद।"

दोपहर के बाद के विषय थे संगीत और कला–सब विद्यार्थियों के लिए। दोपहर के बाद कुछ समय लगता था शाम के सांस्कृतिक कार्यों का रिहर्सल करने में, जिनमें सभी धर्मों के उत्सव भी होते थे। छात्र और शिक्षक, ख़ासतौर पर कला शिक्षक, जगह को सजाने में, उदाहरणार्थ–रंगोली, अल्पना, फूल और आलंकारिक कपड़ों से स्थान सजाते थे। नाट्यकला और उसकी व्यवस्था नई तालीम के अभिन्न भाग थे। हम लोग खेल आदि पर भी ज़ोर देते थे। ख़ासतौर पर वे खेल जिनमें खेल के साधन कम से कम लगते थे। एक और विषय की चर्चा करनी चाहिए, वह था उत्सव-त्यौहार मनाना और सुबह-सन्ध्या की प्रार्थना की व्यवस्था। हर धर्म के त्यौहार अच्छी तरह से मनाए जाते थे। पाठशाला की प्रार्थना का रूप आश्रम की प्रार्थना जैसा ही था यानी सर्वधर्म समानत्व वाला। बच्चों के ऊपर इसका बहुत अच्छा प्रभाव पड़ता था। नई तालीम में पाठ्य-पुस्तकों का कोई स्थान नहीं था। किन्तु विद्यार्थियों को पुस्तकालय का प्रयोग करने के लिए उत्साहित किया जाना ज़रूरी माना जाता था। सारे देश में एक के बाद एक बुनियादी तालीम की पाठशालाएँ चालू हो गईं। यह प्रेरणा सबको सेवाग्राम के काम से मिली और वहीं से मार्गदर्शन भी। दूसरी केन्द्रीय संस्था जामिया मिलिया इस्लामिया बनी, जो सेवाग्राम के साथ गहरा सहयोग करती रही।

आखिर गांधीजी ने वह योजना ढूँढ़ ही निकाली जिसे वे 'सच्ची योजना' कहते थे। इसमें वे सब मानवीय तत्त्व थे जिन्हें बड़े गुरुजन और शिक्षा विशेषज्ञ मानते आए थे। इसमें वे तत्त्व नहीं थे जो मानव समाज को अपने में बाँटते और साथ-साथ उसे प्रकृति और विश्व से अलग कर देते हैं।

नई तालीम का पूरा-पूरा वर्णन करना और उसके प्रति न्याय करना यहाँ सम्भव नहीं है। उसके बारे में यथेष्ट जानकारी उपलब्ध नहीं है जिसके आधार पर नई तालीम का गहरा विश्लेषणात्मक अध्ययन किया जा सके। उदाहरण के तौर पर एक प्रश्न अकसर पूछा जाता है, "इसके बावजूद कि नई तालीम एक आदर्श और व्यावहारिक शिक्षा-पद्धति है, वह फैली क्यों नहीं।" एक दिन हमें इस विषय का, गांधीजी की सुझाई हुई सच्ची शिक्षा का गहरा अध्ययन करना पड़ेगा।

सन्दर्भ

1. रमेश *दत्त, इकोनॉमिक हिस्ट्री ऑफ इंडिया–अर्ली ब्रिटिश रूल* 1757-1837। मिनिस्ट्री ऑफ इनफॉर्मेशन एंड ब्रॉडकास्टिंग, भारत सरकार प्रकाशन, नई दिल्ली।
2. रेजीनाल्ड रैनॉल्डस; *व्हाइट साहेब्स इन इंडिया*; मार्टिन सैंकर एंड वारबार्ट; 1937, पृ. 54
3. वही, पृ. 54।
4. वही।
5. एम. के. गांधी *ओटोबायोग्राफी* या द *स्टोरी ऑफ माई एक्सपैरीमैंट्स विद ट्रूथ* नवजीवन पब्लिशिंग हाउस 1963, पृ. 182।
6. वही, पृ. 122।
7. *द कलेक्टेड वर्क्स ऑफ महात्मा गांधी,* अंक 4, नवजीवन ट्रस्ट अहमदाबाद, 1960, पृ. 332-3।
8. वही, पृ. 203।
9. राजेन्द्र प्रसाद, *सत्याग्रह इन चम्पारन,* नवजीवन पब्लिशिंग हाउस, अहमदाबाद 1949, पृ. 194-5।
10. वही, पृ. 198।
11. वही, पृ. 198।
12. एम. के. गांधी, *ओटोबायोग्राफी* या *स्टोरी ऑफ माई एक्सपैरीमैंट्स विद ट्रूथ* नवजीवन पब्लिशिंग हाउस, अहमदाबाद 1963, पृ. 258।
13. एम. के. गांधी *लीडर डेली* इलाहाबाद 27.12.1916।
14. 'द कलेक्टेड वर्क्स ऑफ महात्मा गांधी', अंक 14, नवजीवन ट्रस्ट अहमदाबाद, 1965 पृ. 9।
15. वही, पृ. 24।
16. वही, पृ. 41।
17. वही, पृ. 42।
18. *द कलेक्टेड वर्क्स ऑफ महात्मा गांधी, अंक* 18, नवजीवन ट्रस्ट अहमदाबाद, 1965, पृ. 104।
19. एम. के. गांधी, *इनॉगुरल स्पीच ऑफ इंडिया नेशनल ऐजुकेशनल कॉन्फ्रेन्स, वर्धा, एजुकेशनल रीकंसट्रक्शन ए कलेक्शन ऑफ गांधीजीस़ आर्टिकल्स ऑन द वर्धा स्कीम,* कॉन्फ्रेंस हेल्ड इन वर्धा 1937 हि. ता. संघ, सेवाग्राम वर्धा 1937।
20. *टू इयर्स ऑफ वर्क, रिपोर्ट ऑफ द सैकेन्ड एजुकेशनल कॉनफ्रेन्स,* दिल्ली 1941, हिन्दुस्तानी तालीम संघ पब्लिकेशन, सेवाग्राम, वर्धा 1941, पृ. 229।
21. एम. एस. पटेल, *एजुकेशनल फिलॉसफी ऑफ महात्मा गांधी,* नवजीवन पब्लिशिंग हाउस, अहमदाबाद 1953, पृ. 144-5।
22. *द कलैक्टेड वर्क्स ऑफ महात्मा गांधी,* अंक 79, नवजीवन ट्रस्ट, अहमदाबाद 1980, पृ. 23-5।

रवीन्द्रनाथ ठाकुर की चेतावनी

"मानव की आत्मा को लालच की जंज़ीरों और विनाश के रास्ते से बचाओ।"

—रवीन्द्रनाथ ठाकुर

रवीन्द्रनाथ का प्रारम्भिक वातावरण

रवीन्द्रनाथ का जन्म और उनकी परवरिश उस समय हुई थी जब भारतवर्ष अपने आपको पहचानना शुरू कर रहा था। भारतवर्ष की जनता के लिए एक लम्बे काल के अन्धकार और गुलामी के जीवन के बाद यह जागरण आया था। इस जागरण काल के नेतागण भारत की प्राचीन कालीन परम्पराओं और सभ्यता को खोजने में लगे थे किन्तु साथ-साथ उन्होंने पश्चिमी सभ्यता और उसके मूल्यों को लगभग पूर्ण रूप में बिना आलोचनात्मक दृष्टि से स्वीकार कर लिया था। इस सिलसिले में राजा राममोहन राय और सर सैयद अहमद खान का नाम मन में आता है। उन्होंने देश में पश्चिमी शिक्षा को प्रवेश देने के प्रयत्न किए थे। विदेशी राज्यकर्ताओं की मदद से वे भारत के ऊपरी वर्ग की जनता के मानस को, अपनी ही प्रकार की दृष्टि देना चाहते थे। वे उन्हें पढ़े-लिखे दफ्तर के क्लर्क, अफसर बनाना चाहते थे, जो उनके राज्य को कायम रखने में मदद करें। इन लोगों का उत्साह पश्चिमी मूल्यों, अंग्रेज़ी साहित्य और दर्शनशास्त्र के प्रति था। लगता है कि वे विश्वास करते थे कि पश्चिमी सभ्यता की ओर ले जाने से ही भारत का भला होगा। उसी के साथ-साथ अलग-अलग तरीकों और नेताओं के द्वारा हिन्दुत्व का प्रचार किया जा रहा था। हाँ, कुछ ऐसे नेता भी थे जिनका रुझान पश्चिमी आधुनिकीकरण और हिन्दू जागरण दोनों तरफ था। बंगाल में ब्रह्मसमाज, उत्तर और पश्चिम में आर्य समाज और दक्षिण में प्रार्थना समाज, इन सबकी दृष्टि थी कि भारतीय जनता के अन्दर एक नए आत्मसम्मान की भावना पैदा हो, जिसके आधार पर वे यह कह सकें कि वैदिक सभ्यता सबसे ऊँची ऐसी सभ्यता है जिसका हर भारतीय अधिकारी है।

स्वतन्त्रता के लिए संघर्ष

रवीन्द्रनाथ का वातावरण उपरोक्त दोनों तत्त्वों से ओतप्रोत था। उनके ऊपर उसका असर गहरा और लम्बे समय से था। जीवन के अन्तिम भाग में उन्होंने कहा था कि हालाँकि दूसरे महायुद्ध के समय जब पश्चिमी जगत ने घृणा और विनाशीकरण की वृत्ति अपनाई थी, तब भी उनके मन में उस अंग्रेज़ी उदारता के प्रति थोड़ी अच्छी भावना रह गई थी जिसे वे जवानी के काल में पोसते रहे थे। ठाकुर परिवार की तीन पीढ़ियों में अनेक बड़े अच्छे और लायक इनसान जन्मे थे। उनके दादा द्वारकानाथ पश्चिमी शिक्षा के एक अग्रणी व्यक्ति थे और उनके पिता देवेन्द्रनाथ को महर्षि माना जाता था। यह उनकी अपनी साधना–आध्यात्मिक और आत्मिकता के आधार पर था। परिवार की पृष्ठभूमि बड़ी अभिजात्य वर्ग की, ऊँची कलात्मक और साहित्यिक गुणों से भरी थी और जिसकी राष्ट्रीय जागरण में बड़ी महत्त्वपूर्ण भूमिका भी थी। यह थी रवीन्द्रनाथ के व्यक्तित्व के विकास की पृष्ठभूमि।

यह वह काल भी था जब राष्ट्र की स्वतन्त्रता के लिए प्रयत्न किए जा रहे थे। तो भी भारतवर्ष के नेताओं और भारतवासियों की भावनाओं में इतना विश्वास था कि उनकी स्वतन्त्रता अपने गुणों के आधार पर उनके पास वापस आ जाएगी। यह भ्रम रवीन्द्रनाथ के जीवन से काफ़ी पहले ही निकल गया था। वे असलियत का सामना करने लगे थे, उस राष्ट्र का, जो सौ साल से भी अधिक समय से गुलामी में रह रहा था।

अपने 80वें जन्म दिवस पर दिए आखिरी भाषण 'सभ्यता का संकट' में उन्होंने कहा था–"मेरा शुरू का काल उसी वातावरण में काफ़ी हद तक साहित्य के माहौल से रँगा था; तब मैंने अंग्रेज़ी को स्वाभाविक ही अपने हृदय आसन पर बैठा दिया था। इस प्रकार मेरे जीवन के पहले अध्याय बीते। इसके बाद मेरा रास्ता वहाँ से हट गया और साथ-साथ मेरी निराशा की दर्दभरी भावना जगी और मैं खोज करने लगा कि जिन्होंने सभ्यता की सच्चाइयों के सत्य को स्वीकार किया था, राष्ट्रीय स्वार्थ की बात आने पर उन्होंने हर खतरे को स्वीकार न करते हुए उसे त्याग दिया। तब एक ऐसा समय आया जब मुझे साहित्य के प्रति अपने लगाव से स्वयं को खींचकर छुड़ाना पड़ा। जैसे ही मैंने असलियत में प्रवेश किया, आम जनता की गरीबी देखकर मेरा हृदय छटपटाने लगा।"

यह ऐसा बोध था जिसने रवीन्द्रनाथ को देश की जनता के नज़दीक ला दिया। भारतीय जनता अब उन्हें अपना कवि, अपना गुरुदेव, एक महान शिक्षक मानने लगी। जनता की पीड़ा के बारे में यह उनकी जागरूकता थी जिसने उन्हें

सादगी और स्वैच्छिक गरीबी का जीवन बिताने के लिए उत्साहित किया। उन्होंने कवि का यह सीमित जगत छोड़कर अपने आपको स्वतन्त्रता और विश्वशान्ति का दूत बना दिया। वे केवल भारत के लिए ही नहीं बोलते थे वे बोलते थे, सारी मानव जाति के लिए।

सी. एफ. एन्ड्रयूज ने 1926 में एक लेख 'रोलाँ* और टैगोर' लिखा था। इस लेख में उन्होंने पहले महायुद्ध के कुछ पहले के और युद्ध के समय के अपने अनुभवों का ज़िक्र किया था। मई 1914 में टैगोर ने अनुभवों की एक कविता 'द डिस्ट्रायर' शीर्षक से लिखी थी। इसमें उन्होंने मानवता की एक विनाशपूर्ण दुर्घटना का वर्णन किया था, ऐसी दुर्घटना जो करीब-करीब तुरन्त ही होनेवाली थी। जनता ने तब अफवाह तक नहीं सुनी थी।[1] ऐसी थी कवि की आत्मा की पुकार। दीनबन्धु** एन्ड्रयूज ने युद्ध के प्रारम्भिक काल में गुरुदेव के मानसिक दुख के बारे में लिखा था। वे एकान्त में चले गए और उन्होंने दुनिया पर आई हुई विपत्ति का ज़िक्र किया।

एक कविता जो उन्होंने उस समय लिखी थी, वह कुछ इस प्रकार थी—

केवट
सारी पाप की नदियों के किनारे टूट पड़े हैं
और पानी बह रहा है,
फिर भी नाविक दुख भरी अपनी आत्मा
का आशीर्वाद लेकर अपना स्थान ग्रहण कर!
भाइयो तुम किसे दोष देते हो? अपना माथा
झुकाकर! पाप तुम्हारा और हमारा है
भगवान के हृदय में बरसों से अग्नि जल रही है
कमज़ोरों की कायरता, शक्तिशाली का घमंड,
मोटे पेटवालों का लालच,
जाति का गर्व करनेवालों का विद्वेष और
मनुष्य के प्रति अपमान, इन्होंने भगवान की
शान्ति को भंग कर दिया है। जो अब तूफान
बनकर अपने शरीर में भरे बीजों को बिखेर रहा है।
बन्द कर तेरा यह कटाक्ष का गरजन और आत्मप्रशंसा
और मन और शान्ति प्रार्थना को अपने माथे
पर रखकर,
जाओ उस पार जिसका कोई नाम नहीं है।

सैनिकवाद का अस्वीकार

रवीन्द्रनाथ ने सैनिकवाद को बड़ी शक्तिशाली भाषा में अस्वीकार कर दिया था। 1916 में जापान की यात्रा में जनता की बड़ी भीड़ ने बड़े उत्साह के साथ उनका स्वागत किया था किन्तु जब उन्होंने देखा कि असली जापान, अपने भयानक मिलट्रीवाद और राष्ट्रीयवाद के द्वारा नष्ट होता जा रहा है तो उन्होंने वहाँ के इम्पीरियल विश्वविद्यालय में एक भाषण में उस पर जोरदार आलोचनात्मक भाषण दिया। तब जापानी सरकार ने चुप्पी साधकर उन्हें अनदेखा करने जैसा व्यवहार किया। अपने ऊपर चढ़े युद्ध के बुखार की अवस्था में जापान के अखबार ने रवीन्द्रनाथ को एक हारे हुए राष्ट्र का कवि कहा।[2]

रवीन्द्रनाथ के हिसाब से न तो बेरंग अस्पष्ट महानगरीय सभ्यता और न ही उन्मत्त राष्ट्रपूजा किसी मानवीय समाज का उद्देश्य हो सकते हैं। उन्होंने अपने स्कूल को सारे विश्व के लिए अतिथिगृह कहा था किन्तु अपने स्कूल के किसी भी भाग पर राष्ट्रीय ध्वज फहराने नहीं दिया।

यह दोबारा कहना ज़रूरी है कि रवीन्द्रनाथ एक कवि-दार्शनिक की सीमित दुनिया से बाहर निकल गए थे। वे एक सक्रिय व्यक्ति थे इसलिए उन्होंने दुर्घटनाओं का मुकाबला सकारात्मक ढंग से किया। पाठशाला, जिसे पहले 'ब्रह्मचर्य आश्रम' के नाम से जाना जाता था, अब बदलकर 'विश्व बन्धुत्व' और 'सांस्कृतिक केन्द्र' हो गया। शान्तिनिकेतन, शान्तिआवास दुनिया के भिन्न-भिन्न देशों और संस्कृतियों के मिलन का ऐसा स्थान बन गया जहाँ लोग यह अनुभव करते हैं कि सारी मानव जाति की आत्मा एक ही है और उस तथ्य को बचाने के लिए मनुष्य जाति का एकता के साथ रहना ज़रूरी है। बावजूद इसके कि पहले कई महान पैगम्बरों ने आत्मा की स्वतन्त्रता और एकता को अपने चेतन में पूरा समझ लिया था, अनेक ''मानव जातियाँ अपनी बाहरी भौगोलिक परिस्थितियों के कारण पृथकीकरण के साथ अकेलेपन और स्वार्थीकरण के भद्दे स्वार्थवाद में पड़ गईं। उन्होंने अपनी मूल प्रावृत्तिक धार्मिक सत्य की खोज के लिए या तो उसे बौना कर दिया है या उसे विकृत करके ईश्वर को मन्दिरों की दीवारों और पौराणिक ग्रंथों में बन्द कर छोड़ा है। इसका असर यह हुआ कि ईश्वर की गैरहाजिरी की बदौलत नर-पिशाच की अलग-अलग नाम और रूप में पूजा होने लगी। वे अपने भगवान के साथ ऐसा बर्ताव करते हैं जैसा कुछ सरकारों में राजा के साथ किया जाता है, जिसे परम्परागत इज़्ज़त मिलती है लेकिन अधिकार नहीं। इसका एक सबल कारण होता था—हमारी भौगोलिक दूरियाँ जो अब लगभग नहीं रहीं।

"मानव जातियाँ अब कभी भी अपने ऊँची दीवारोंवाले दुर्गों के विशिष्ट वातावरण में वापस नहीं जा सकेंगी। आज वे एक-दूसरे के शारीरिक और मानसिक वातावरण से पूरी-पूरी परिचित हो गई हैं। जिस कवच ने उन्हें अपने-अपने गुटों में बंद रखा था, आज वह टूट गया है। वह किसी भी नकली ढंग से सुधारा नहीं जा सकता है।"[3] उनका आश्रम राष्ट्रों और सभ्यताओं के बीच पुल बाँधने के—बीसवीं सदी के पहले—प्रयासों में था और इसी रूप में विश्वभर में जाना भी गया।

अंग्रेज़ी शिक्षा की एक घटिया नकल ने देश की पारम्परिक शिक्षा-पद्धति को बदल दिया था। जिस प्रकार की राष्ट्रीयता भारतीय समाज के मन में तथाकथित नवजागरण के नेताओं ने भर दी थी वह कभी भी रवीन्द्रनाथ को स्वीकृत नहीं हो सकी। अपने 1917 के एक लेख "*नेशनलिज़्म इन इंडिया*" में उन्होंने लिखा "हालाँकि बचपन से मुझे सिखाया गया था कि राष्ट्रीयता की पूजा करना कुछ हद तक भगवान और मानवता की इज्ज़त करने से कहीं अच्छा है, मैं मानता हूँ कि मैं उस सीख में से निकल गया हूँ और मेरा यह विश्वास है कि मेरे देशवासी अपने भारत को वापस लेने के लिए सफलतापूर्वक इस विचार के विरुद्ध लड़ेंगे जो कहता है कि अपना देश मानवता के आदर्शों से कहीं ज्यादा महान है।"[4] शान्तिनिकेतन में उन्होंने इसी प्रकार की शिक्षा देने का प्रयत्न किया।

सामाजिक पुनर्गठन

रवीन्द्रनाथ को पक्का विश्वास था कि जब तक भारत के गाँवों से गरीबी पूरी-पूरी मिट नहीं जाती, देश का जीवन-स्तर सुधारा नहीं जा सकता है। इसके लिए जनता को यह ज़िम्मेदारी स्वयं ही उठानी पड़ेगी।

"मेरा विश्वास है कि भारत को स्वयं ही इस रचनात्मक काम को करना होगा। इसके लिए हमें हर प्रकार के ख़तरों का सामना करना पड़ेगा, अपनी सारी ज़िम्मेदारियाँ उठानी होंगी, जो हमारा अधिकार है, चाहे जितना भी अन्याय हमें झेलना पड़े, चाहे कितनी भी असफलताओं को पार करना पड़े, कितना भी दुःख सहन करना पड़े। जो हमारे सिर पर बैठे हैं, उन्हें यह दिखाना होगा कि सत्य को पाने के लिए हमारे पास यथेष्ट नैतिक शक्ति और दुःख सहन करने का साहस है। दरअसल यह तो अनिष्ट होगा कि कोई हमें यह सब कुछ थाली में परोसकर एक उपहार के तौर पर लाकर दे दे। मैंने अपने देशवासियों से

बार-बार कहा है कि हमें जुटकर ऐसे अवसरों का निर्माण करना है जो हमारी आत्मबलिदान की शक्ति को प्रकट करने का मौका दें न कि हम उसके लिए भिक्षा माँगें।''[5]

इसलिए वे गाँव-गाँव गए और वहाँ के वासियों से कहा कि उनकी अपनी सरकार उनके अपने दरवाजों पर खड़ी है और उनका इन्तजार कर रही है। ''किसी ने हमें उनसे छुटकारा दिलाने के लिए अब तक कोशिश नहीं की है और अगर करे भी तो उन्हें सफलता मिलना असम्भव है। अपने गाँवों के लिए जो हम चाहें कर सकते हैं जैसे–शिक्षा-व्यवस्था, स्वच्छता और सफ़ाई का प्रबन्ध और उनकी खबरों और विचारों के आदान-प्रदान के साधन उपलब्ध कराना। किन्तु यह तभी होगा जब हममें एकता की भावना हो और हमारा मन और बुद्धि उस ओर जाना चाहते हों। इस सबके लिए हमें किसी सरकार की इजाज़त या ठप्पा नहीं चाहिए।''[6] जब रवीन्द्रनाथ ने सामाजिक उत्थान की चर्चा शुरू कर दी थी, तब गांधीजी के इस प्रकार के चिंतन की आम जानकारी कुछ कम ही थी। यह कहना ठीक होगा कि रवीन्द्रनाथ के इस अगुआ काम का गांधीजी के चिन्तन पर भी अच्छा असर पड़ा होगा। गांधीजी का इस प्रकार का चिन्तन आगे चलकर सम्पूर्ण रचनात्मक कार्य के तौर पर प्रस्फुटित हुआ। गुरुदेव का श्रीनिकेतन, जो गाँवों में शांतिनिकेतन का संस्थान था, गांधीजी के रचनात्मक कार्यक्रम की शुरुआत से पहले ही स्थापित हो गया था।

इस बारे में गांधीजी और रवीन्द्रनाथ के दृष्टिकोण में काफ़ी समता रही है। 11 मार्च, सन् 1905 को गुरुदेव ने कलकत्ता में एक भाषण दिया था जो *'बंग-दर्शन'* पत्रिका में अप्रैल 1905 को प्रकाशित हुआ था। लेख का शीर्षक था–'सफलता का सदुपाय'। यह लेख गांधीजी का भी हो सकता था–अहिंसा के बारे में। गुरुदेव ने कहा, ''अपनी ज़िम्मेदारियों को आसान समझना और दूसरों की ज़िम्मेदारियों को भारी समझना नैतिकता की दृष्टि की कमी को दिखाता है। जब हम अपने प्रति ब्रिटिश व्यवहार की जाँच करते हैं और उनकी मानवीयता की कमी को देखते हैं तो वह उचित माना जाएगा, किन्तु अपनी गलतियों की खोज करते समय अपने उतावलेपन के कारण उन्हें छोटा बनाकर नहीं देखना चाहिए। तब हमें सत्य को अनदेखा नहीं करना चाहिए। ब्रिटिश सरकार के ख़िलाफ क्रोध को भड़काना एक आसान राजनैतिक कदम हो सकता है, किन्तु वह हमें हमारे उद्देश्य की तरफ नहीं ले जा सकता। ये रास्ता मज़ा दे सकता है, 'जैसे को तैसा' के आधार पर। यह हमें क्रियात्मक और सफलता के रास्ते से हटाता है।...अगर हमारी राजनैतिक प्रवृत्तियाँ ही हमारा आखिरी उद्देश्य हों तो हमें जहाँ जाना है वहाँ नहीं जा

सकते।"...उसी भाषण में उन्होंने कहा : "हमारी शिक्षा हमारा उद्देश्य है, जिसे हमें सबसे पहले अपने-अपने हाथों में लेना है।"[7]

जब गांधीजी गुरुदेव से आखिरी बार सन 1941 में मिले तब गुरुदेव ने गांधीजी के हाथ में एक पत्र दिया था जिसमें उन्होंने लिखा था कि शान्तिनिकेतन राष्ट्र के लिए उनकी सबसे प्रमुख देन है और यदि गांधीजी उसकी देखभाल करेंगे तो उन्हें अच्छा लगेगा। गुरुदेव गांधीजी पर पूरा विश्वास करते थे इसलिए कि वे जानते थे कि गांधीजी शिक्षा को सामाजिक क्रान्ति का सबसे कारगर औज़ार मानते हैं।

शिक्षा, आत्मनिर्माण का माध्यम

हमारी चर्चा का विषय यह नहीं है कि शान्तिनिकेतन रवीन्द्रनाथ की सबसे बड़ी भेंट थी या नहीं। हमें तो यह समझना है कि बीसवीं शताब्दी की शिक्षा में यही क्रान्ति उनकी एक अद्वितीय और महान देन थी और आज के ज़माने के हम लोगों को इससे बहुत कुछ सीखना है। उनके लिए शिक्षा 'आत्मनिर्माण' का साधन थी। जहाँ तक हम अपने साधन, जिन्हें गुरुदेव दैव्य मानते थे (और जिन्हें एक मायने में हम स्पष्ट रूप से प्रदर्शित नहीं कर सकते हैं जो हमें उस शक्ति से मिले हैं जो हमसे कहीं बड़ी है) उनके द्वारा हम ईश्वर की सृजनात्मकता के साथ रिश्ता बना सकते हैं। उन्होंने जो पाठशाला बनाई थी, उसका यही उद्देश्य था।

शिक्षा सारी मानवता को ऐसा मौका दे जिससे प्रकृति और मानवता को सहजीवन की तरफ जाने का रास्ता मिले; आखिर मानव समाज उन्हीं का एक भाग है। रास्ता केवल बौद्धिक नहीं, वह तो ऐसा है जिससे शरीर और बुद्धि एक साथ सामंजस्य के साथ आगे बढ़ें "बचपन को जीवन के पूर्ण अनुभव का वातावरण मिलना चाहिए जिसकी उसे अनन्त प्यास रहती है। युवा बुद्धि इस विचार से ओतप्रोत रहे कि वह उस मानव-संसार में जन्मा है जो उसके चारों तरफ की दुनिया के साथ पूरा-पूरा सामंजस्य रखता है। यही है वह तथ्य जिसका हमारे आम स्कूल स्वाभिमान के साथ घृणा और तिरस्कार करते हैं। यह वह तथ्य है जो बच्चों को ज़बरदस्ती ईश्वर की अपनी हाथों गढ़ी दुनिया से, जिसमें अगाध मात्रा में व्यक्तित्व के संकेत भरे हैं, दूर रखता है।"[8]

हम इस धरती पर पैदा हुए हैं, यह हमारा घर है। हमें इससे केवल जानकारी पानी ही नहीं, बल्कि इसे पूरा-पूरा जानना और अपनाना है। 'जानने' का अर्थ मात्र इसके भौतिक रूप को समझना नहीं है बल्कि यह हमें जानकारी के

साथ-साथ उसकी शक्ति को पहचानने की सामर्थ्य भी देता है। रवीन्द्रनाथ ने जैसा कहा है कि सबसे ऊँची शिक्षा वह है जो केवल जानकारी ही नहीं दे बल्कि हमारे जीवन का सारे विश्व के साथ सामंजस्य पैदा करे और यही शिक्षा है जिसकी नियमित रूप से आज की स्कूल परम्परा में उपेक्षा की जाती है। प्रारम्भ से ही बच्चों के दिमाग़ों में जानकारी ठूँस-ठूँसकर इसलिए भरी जाती है कि वे प्रकृति से न जुड़ें। धरती माता को अपना घर न स्वीकारते हुए मानव उसके साथ होड़ करते हुए शोषण करने की योजनाएँ बनाता रहता है, जैसे वह उसकी नौकरानी हो।

"बच्चों को भूगोल सिखाने के बहाने हम उनसे उनकी धरती छीन लेते हैं, व्याकरण सिखाने के लिए उनकी अपनी भाषा से दूर कर देते हैं। उसकी भूख है वीरगाथाओं और पुराणों को सुनने की; और हम सिखाते हैं इतिहास और घटनाओं की तारीखें और उनका वर्णन। वह जन्मा है मानव संसार में किन्तु डाल दिया जाता है जीवित ग्रामोफोनों की दुनिया में इसलिए कि वह अपनी इस अनजान-अबूझ दुनिया में पैदा होने के फलस्वरूप प्रायश्चित कर सके। बाल स्वभाव अपनी इस दुःखद अवस्था के लिए चुप रहकर प्रायश्चित करता है, इस दमन की अवस्था को सज़ा की तरह सहन कर लेता है।"[9]

रवीन्द्रनाथ स्कूली शिक्षा नहीं प्राप्त कर सके। छोटी ही उम्र में उन्होंने स्कूल छोड़ दिया। उनकी शिक्षा घर में हुई। उन्होंने लिखा है : "स्कूल की शिक्षा के दिनों में जिस चीज़ ने मुझे सताया, वह यह थी कि उसमें जगत की सम्पूर्णता का आभास नहीं था। वह केवल पाठ पढ़ाने का प्रबन्ध था। वह केवल सयानों के लिए उपयुक्त था, उनके लिए क्योंकि उन्हें यह मंजूर होता है कि उनकी शिक्षा उन्हें असली जीवन से अलग कर देगी किन्तु बालक को तो जीवन से प्यार होता है, वह उनका पहला प्यार होता है। उसका रंग, उसकी चहल-पहल उन्हें आकृष्ट कर लेती है। हमें पूरा विश्वास है कि यह स्कूली शिक्षा उनके प्यार को बौना बना देती है। बच्चे तपस्वी होकर पैदा नहीं होते हैं। मठों में रहनेवाले बच्चे आत्मसंयम के साथ रहते हैं, ज्ञान पाने की खोज में। उन्हें तो ऐसा ज्ञान चाहिए जो जीवन के प्रति उनके प्रेम को बढ़ावा दे। तभी तो वे उस अवस्था में आ सकेंगे जिसे उन्होंने ज्ञान-प्राप्ति के लिए त्याग दिया है। तभी वे अपने जीवन की सम्पूर्णता तक पहुँच सकेंगे।"[10]

"ज्ञान-प्राप्ति के लिए शारीरिक सुख का त्याग करो" और तब वापस आ जाओ। जब रवीन्द्रनाथ यह कहते थे तो उनका क्या उद्देश्य था? उनका मानना था कि आधुनिक जीवन और शिक्षा-प्रणाली के पीछे यह तर्क था कि क्योंकि हमें

उस दुनिया को स्वीकार करने की इजाज़त नहीं है जिसमें हम पैदा हुए हैं, हम अपने आपको उसे नहीं दे सकते। जिसे मिला है केवल वह ही दे सकता है। इसलिए आधुनिक जीवन में न तो सहृदय स्वीकार होता है और न स्वैच्छिक त्याग।

जगत के प्रति हमारी चेतना केवल उन्हीं चीज़ों के लिए है जो दिखती हैं और जिन्हें क़ानूनी सत्य कहा जाता है; यह सब अधूरा और सदोष है। यह तब पूर्ण होता है जब हमारी सचेत बुद्धि यह समझने लगती है कि सब कुछ आध्यात्मिक रूप में पास है और तब वह हमें आनन्द-लाभ की शक्ति भी देती है। हमारे लिए इस धरती पर केवल रहना, इसे जानना और इसे उपयोग में लाना ही नहीं है, हमें अपने आपको, अपनी करुणा शक्ति को विकसित करना है, अपने को इससे दूर नहीं करना या इसके ऊपर अधिकार स्थापित नहीं करना है बल्कि इसे समझना और अपने साथ अपने को लीन करना है।

जीवन की सादगी

जो ऊपर कहा गया है, उसके साथ जीवन की सादगी का सम्बन्ध भी जुड़ा हुआ है। रवीन्द्रनाथ ने जब अपने स्कूल की शुरुआत की थी, तभी उन्होंने सादगी की शिक्षा को एक अनिवार्य सिद्धान्त बनाया था। बहुत-से आलोचकों ने तब कहा था कि वे गरीबी को महिमायुक्त कर रहे हैं और आश्रमवासियों को मध्यकालीनयुग में वापस ले जा रहे हैं। किन्तु रवीन्द्रनाथ का विश्वास था कि आरामतलबी बच्चों पर भार हो जाती है। उनका कहना था कि गरीबी ही वह स्कूल है जिसके द्वारा मनुष्य को उसके प्रारम्भिक पाठ मिलते हैं और वही उसका सर्वोत्तम प्रशिक्षण है। "एक करोड़पति के बेटे को भी असहाय और गरीब पैदा होना पड़ता है और शुरू से ही अपने जीवन के प्रारम्भिक पाठ सीखने होते हैं। उसे गरीब से गरीब बच्चों की तरह चलना सीखना पड़ता है—चाहे उसके पास पैरों के बदले दूसरे साधन भी उपलब्ध हों। गरीबी जीवन के साथ पूरा सम्पर्क कराए रखती है। अमीरी में रहना प्रतिनिधि के तौर पर रहना होता है, यानी असली जगत से दूर। यह किसी के सुख और गर्व के लिए सुखदायक हो सकता है किन्तु उसकी शिक्षा के लिए नहीं। सम्पत्ति सोने का वह पिंजरा होता है जिसमें अमीरों के बच्चों के जीवन को नकली भार देनेवाली शक्तियाँ चलाती हैं। इसलिए मेरे स्कूल में खर्चीली आदतों वाले लोगों की इच्छा के विपरीत मुझे इस महान शिक्षक-गरीबी को ज़िम्मेदारी सौंपनी पड़ी। मैंने इसे महँगे फर्नीचर और सरंजाम से मुक्त रखा—इसलिए नहीं कि यह गरीब है बल्कि इसलिए कि इससे दुनिया के व्यक्तित्व का

अनुभव होता है।"[11]

जब गुरुदेव ने इस शताब्दी के आरम्भ में शान्तिनिकेतन की नींव डाली थी तब के मुकाबले हमें आज इसकी और भी अधिक आवश्यकता महसूस होती है। आज के वातावरण में हमें विशेष रूप से इस प्रकार की समझ और भी अधिक चाहिए क्योंकि आज प्रचुरता का काल आया है, जिसके कारण स्कूल हर प्रकार के प्रबन्धों का ढेर, 'शिक्षा के साधनों' के नाम से जमा करने लगे हैं। हम आज स्कूल के स्तर को उसकी इमारत, उसके पुस्तकालयों के साइज, पाठ्य-पुस्तकों की मात्रा, शिक्षा के प्रबन्ध और उनकी कार्यप्रणाली द्वारा समझते हैं। रवीन्द्रनाथ इन सबके बदले उन पहलुओं पर ज़ोर देते थे जो मूल वस्तुओं पर प्रकाश डालती हैं, जो अधिक से अधिक बीजों को अंकुरित करती हैं, कलियों को प्रफुल्लित करती हैं। वे सूर्य प्रकाश और वसन्त ऋतु को अधिक महत्त्व देते थे। ऐसा नहीं कि गुरुदेव इमारत, पाठ्य पुस्तकें आदि के लिए पैसा जमा नहीं कर सकते थे बल्कि इसलिए कि वे इस प्रकार के सरंजामों को कम से कम महत्त्व देते थे। इसलिए कि ये सरंजाम लालच और स्वार्थ पैदा करते हैं और मानवीय सम्बन्धों को बौना बना देते हैं, भले ही भौतिक ज्ञान ज़रूर बढ़ाते हैं।

अपनी आत्मा की प्राकृतिक भूख की माँग को पूरा करो

विद्यार्थियों को सम्बोधित करते हुए एक बार उन्होंने कहा था : "तुम जो जवान हो, तुम्हें तुम्हारी आत्मा की आवाज़ सुनने के लिए कोई बने बनाए नुस्खे, सिद्धान्तवाद या पुस्तकों के सूखे पन्नों की आवश्यकता नहीं है। तुम्हारी आत्मा को स्वाभाविक भूख है—सूर्य की किरणों और वसन्त ऋतु की और उस शक्ति की जो गोपनीयता के साथ हर बीज को खिलाती है। तुम यहाँ आए हो युवा प्रभावशीलता के साथ, जो प्रभात के तारे की तरह आशा लेकर, जो तुम्हारे देश के भविष्य के लिए भी ठीक हो। तुम उस परी की कथा जानते हो, जिससे जवान लगभग हर देश में परिचित हैं। यह उस सुन्दर राजकुमारी के बारे में है जो राक्षस के बन्धन में पड़ी है और जिसे एक युवा राजकुमार अपनी कालकोठरी से निकलकर छुड़ाने के लिए निकल पड़ा है। जब हमने अपनी बालक अवस्था में यह कथा सुनी थी, तुम्हें याद है न कि हम कितने उत्साह के साथ सब बन्धनों और ख़तरों से बाहर निकलकर उसे आज़ादी दिलाने के लिए तैयार हो गए थे। आज मानव की आत्मा उसी तरह बड़ी-बड़ी मशीनों की कालकोठरी में पड़ी है। ओ मेरे प्रिय राजकुमारो, मैं तुमसे कहता हूँ कि अपने हृदय में उत्साह लेकर मानव-आत्मा

को इस लालच की जंज़ीरों से मुक्ति दिला दो...।

"हम पूरब में रहनेवालों ने इस मानव हृदय में रहनेवाले भक्षक को निकम्मा करने का प्रयत्न किया था, उसकी क्रूरता को बस में लाने का प्रयत्न किया था, किन्तु आज बुद्धि की शक्तियों ने हमारी आध्यात्मिक और नैतिक शक्ति को कुचल दिया है। पशु शक्ति कम से कम एक समय जीवन के साथ सामंजस्य रखती थी, बम के साथ नहीं, जहरीली गैस के साथ नहीं और ऐसे हवाई जहाज़ों के साथ भी नहीं जो खूनखराबा करते हैं–ये शस्त्र विज्ञान के द्वारा हमें मिले हैं।

"हमें सत्य को समझना चाहिए, उस सत्य को जो मनुष्य हासिल कर लेता है, वह हरेक के लिए है। धन और सम्पत्ति व्यक्तियों की होती है, तुममें से हरेक की। लेकिन तुम्हें सत्य का शोषण अपनी व्यक्तिगत शान-शौकत के लिए नहीं करना है; ऐसा करना ईश्वर के आशीर्वाद को बेच देने के समान होगा।...विज्ञान भी सत्य है; और उसका कार्य है बीमार को ठीक करना तथा जीवन को भोजन और आराम देना। जब वह मजबूत को गरीबी कुचलने के लिए मदद करता है, जो सोए हैं उन्हें लूटता है, तब वह सत्य का उपयोग श्रद्धाहीन और अपवित्र उद्‌देश्य के लिए करता है। जो ऐसे धर्म-विरोधी होते हैं, वे दुख पाते हैं, सज़ा पाते हैं और उनके शस्त्र उनके अपने विरुद्ध काम करते हैं।

"वह समय आ गया है जब हमें एक और महाशक्ति की खोज करनी चाहिए। यह वह शक्ति है जो हमें स्वयं दुख सहन करना सिखाए, दुख देना नहीं। हमारे लालच और अहंकार को हटाने में ऐसी सहायता करे जो प्रागैतिहासिक काल की तरह शारीरिक शक्ति को बुद्धि के सहारे पीछे हटा दे।

"महान मानवीय समाजों का निर्माण नफा कमानेवालों के द्वारा नहीं बल्कि स्वप्नद्रष्टाओं द्वारा हुआ। करोड़पति जो अपने माल को बड़ी-बड़ी मात्रा में भेजते-मँगाते रहते हैं, उन्होंने क्या कभी किसी संस्कृति का निर्माण किया? उन्होंने तो केवल दूसरों द्वारा निर्मित संस्कृति को समाप्त किया है। तुम लोग आओ और मशीन के इस अन्धकार से मानव की आत्मा को मुक्त करो। यह ऐलान करो कि मानव की आत्मा मशीन और चालाकी में नहीं बल्कि सीधी विश्वास की दुनिया में है।"[12]

गुरुदेव को यह शब्द बोले लगभग अस्सी वर्ष हो गए हैं, किन्तु आज भी वे बिलकुल ताज़े और अधिक प्रासंगिक हैं।

सन्दर्भ

* रोमैन रोलाँ।

** सी. एफ. एन्ड्रयूज को रवीन्द्रनाथ टैगोर द्वारा दिया गया नाम।

1. क्या यह नष्टकर्ता के आने की खबर है?
प्रचंड व्यथा के आँसुओं से भरी वह है तूफानी लहर।
दीपक बुझ गया और घर शून्य पड़ गया।
तूफान की लहर घर के दरवाजों से चीख रही है, दीवार डगमगा रही है।
बुलावा आ रहा है घर से दूर अन्धकार से भरी धरती से।
मुँह घबराहट के कारण बेकार में मत छिपाओ। तुम्हारे घर के द्वार की जंजीरें टूट पड़ी हैं।
सारे सुख-दुख के अन्त तक पहुँचने के लिए तुम यात्रा कर लो।
तुम्हारे कदम भी दुखद नृत्य जैसे हों
''मृत्यु में जीवन की जीत के'' गाने गाओ।
ओ दुल्हन तुम्हारे भाग्य को स्वीकार कर ले।
अपना लाल चोला पहनकर इस अन्धकार में
दूल्हे के दीपक के पीछे-पीछे चल।
('रोलाँ और रवीन्द्रनाथ', लेखक ऐलेक्स आरनसन और कृष्ण कृपलानी, विश्व भारती, कलकत्ता, 1945, पृ. 8-9)।

2. सी. एफ. एन्ड्रयूज ने लिखा है कि इन आरोपों का उत्तर उन्होंने अपनी एक सुन्दर बंगाली कविता में लिखा है–
मेरे गुरु ने मुझे कहा कि हार मानने के गाने नहीं गाने चाहिए।
वे दुल्हन की खुशामद हो जाती है। उसने भीड़ से बचने
के लिए घूँघट डाला है, तो भी उसके गले का हार
तो चमकता है। उसे दिन की अवस्था से त्याग
करके ईश्वर की रात्रि में जाना है–अपने दीपक को
जलाते हुए और फूलों को जो ओस से भीगे हैं, उनको लेकर।
किन्तु तारे तो वो प्रेम संगीत गा रहे हैं जो लज्जा और
दुख की मिठास लिए हैं।...वही, पृ. 12-13।

3. रवीन्द्रनाथ *द रिलीजन ऑफ मैन,* पृ. 156-57।
4. रवीन्द्रनाथ *नैशनलिज़्म इन इंडिया,* अमीय चक्रवर्ती 1961, पृ. 202।
5. वही, पृ. 201।
6. रवीन्द्रनाथ *द वे टु गैट इट डन, ए टैगोर रीडर* से, 1961, पृ. 203-04।
7. वही, पृ. 204।
8. रवीन्द्रनाथ टैगोर *माई स्कूल, टैगोर रीडर से,* 1961, पृ. 18।
9. वही, पृ. 219।
10. वही, पृ. 220।
11. वही, पृ. 220।
12. रवीन्द्रनाथ टैगोर *टॉक्स इन चाइना, टैगोर रीडर से,* 1961, पृ. 207-209।

गांधीजी द्वारा शिक्षा में क्रान्ति

भूमिका

औपनिवेशिक राज्य ने भारत की शिक्षा-प्रणाली को बरबाद कर दिया था। वे भारत को अपने ढंग का नया स्कूल देकर नई शिक्षा-परम्परा प्रारम्भ करना चाहते थे। ईस्ट इंडिया कम्पनी ने पूरी सफलता के साथ भारतवासियों के बीच एक ऐसे विशिष्ट समाज का निर्माण किया जो योरोपीय ढंग की शिक्षा पाए हुए लोगों का हो और जो अपने को योरोपियन समाज के एक अंग के रूप में प्रतिष्ठित करें। इस समाज का मुख्य उद्देश्य था कि वे सरकार की नीचे स्तरवाली नौकरियों की स्थान-पूर्ति कर सकें। सर क्लाड हिल ने कहा था कि वह समाज ऐसा होगा–जिसकी खाल और खून का रंग तो भारतीय होगा, किन्तु उसकी रुचि, दृष्टि, बुद्धि, स्वाद, राय, नैतिक दृष्टि और बौद्धिक शक्ति पूरी-पूरी अंग्रेज़ों जैसी होगी। अंग्रेज़ों की निर्मित शिक्षा-प्रणाली ने भारतवासियों के दिल का केवल स्पर्श ही नहीं किया बल्कि भारत की युग-युगों से चली आई शिक्षा-परम्परा का ख़ात्मा ही कर दिया। वह प्रणाली थी, जिसमें भारतीय परम्परावाली पाठशालाएँ और मदरसे जनता को शिक्षित करने के लिए जनता के लोगों के द्वारा ही बनाई जाती थीं।

ब्रिटिश राज्य की शिक्षा-प्रणाली शुरू होने से पहले शिक्षा-व्यवस्था चहुँओर फैली हुई थी। बैलारी जिले के कलक्टर कैम्पबेल ने 1823 की रिपोर्ट में लिखा था कि उस समय बंगाल में 80,000 (अस्सी हज़ार) पाठशालाएँ चल रही थीं, यानी हर 400 की आबादी के लिए एक पाठशाला थी। शत-प्रतिशत साक्षरता थी और सरकार की आमदनी का एक बड़ा हिस्सा शिक्षा को चलाने और उसका विकास करने के लिए उपलब्ध था।

श्री एडम्स ने, जो बंगाल में शिक्षा के अफसर थे, अपनी रिपोर्ट में कहा था, "सारे बड़े गाँवों में पाठशालाएँ थीं, जैसी हर शहर में होती हैं। पाठ्यक्रम में पढ़ाई-लिखाई, पत्र-लेखन, प्राथमिक गणित और हिसाब-किताब–दोनों व्यावहारिक और घरेलू विषय होते थे।"[1]

मैक्समूलर ने भी लिखा था, ''सामाजिक शिक्षा और पुस्तकों के बाहर की शिक्षा चाहे वह किसी भी क्षेत्र की हो क्रिश्चियन परम्परा से कहीं अधिक ऊँची है। यह शिक्षा केवल तथाकथित 'थ्री आर्ट्स' में नहीं बल्कि सम्पूर्ण मानवता की है।''[2] लड़लो ने *हिस्ट्री ऑफ इंडिया* में कहा है : ''ख़ासतौर पर जहाँ उन्होंने अपनी पुरानी परम्परा कायम रखी है, मुझे पूरा विश्वास है कि हर बच्चा आमतौर पर पढ़-लिख सकता है और हिसाब कर सकता है लेकिन जहाँ हमने उनकी पुरानी परम्परा मिटा डाली है, उदाहरणार्थ बंगाल के गाँवों में, वहाँ की पाठशालाएँ भी ख़त्म हो गई हैं।''[3]

नए राज्यकर्ताओं ने विश्वास कर लिया था कि उनकी सफलता तभी होगी जब वे भारत की अपनी शिक्षा-परम्परा को पूरा-पूरा ख़त्म नहीं कर देते। अंग्रेज़ी राज्य ने पूरी सफलता इसमें पाई कि भारत की शिक्षा के ढाँचे को थोड़ा-सा भी न रहने दिया। यह तथ्य उनकी 1823 की रिपोर्ट से पता चलता है। ''अनगिनत लोग ऐसे हैं जो अपने बच्चों को देशी शिक्षा का लाभ उठाने नहीं देते हैं—कारण भारत की वस्त्रकला का पतन और अंग्रेज़ी वस्त्रों का आयात। जबकि देश के अमीर लोग अपनी आमदनी का पैसा अपने देश में ही लगाया करते थे, गोरे लोगों को अपनी सरकार के द्वारा यह हुक्म था कि वे अपना पैसा भारत में खर्च नहीं कर सकते।''

उस समय की प्रकाशित एक पुस्तक *इंडिया* में यह बात स्पष्ट तौर पर लिखी है : ''जहाँ-जहाँ हमने ग्राम पंचायतों को ख़त्म कर दिया है, जैसे कि बंगाल में, गाँव की पाठशालाएँ भी नष्ट हो गई हैं।''

ब्रिटिश भारत में, सरकारी स्कूलों और कॉलेजों में शिक्षा जो पहले जनता के जीवन के साथ ओत-प्रोत थी, अब वह आम जनता के सारे जीवन से बिलकुल अलग हो गई है। उससे उनका पूरा सम्बन्ध टूट गया है। किन्तु इसके बावजूद कुछ बौद्धिक विचारकों और सुधारकों ने अंग्रेज़ी शिक्षा से कुछ सीखा और उसे भारतीय शिक्षा चिन्तन में जोड़ने की कोशिश की। उनमें से थे राजा राम मोहन राय, जिन्होंने भारतीय और योरोपीय सभ्यता के कुछ अच्छे विचारों को जोड़ने की कोशिश की। उन्होंने भारत की प्राचीन सभ्यता को जगाकर गुणी साथियों के साथ मिलकर कलकत्ते में हिन्दू कॉलेज की शुरुआत की। भारतीय संस्कृति के इस पुनर्जागरण के साथ-साथ स्वामी दयानन्द, स्वामी ब्रह्मनन्द, स्वामी विवेकानन्द आए। यह असल में भारत का राष्ट्रीय पुनर्जागरण था जिसके आधार पर बाद में राष्ट्रीय आज़ादी आन्दोलन का प्रारम्भ हुआ और जिसके नेता और निर्माता बने महात्मा गांधी।

आम्रनिकुंज विश्वविद्यालय

इसके पहले कि हम गांधीजी की शिक्षा क्रान्ति की चर्चा शुरू करें, मैं शिक्षा क्रान्ति के दूसरे जन्मदाता के बारे में कुछ कहना चाहता हूँ। वे थे गुरुदेव रवीन्द्रनाथ ठाकुर, जिन्होंने सबसे पहले शिक्षा में क्रान्ति लाने का बीज बोया था। उन्होंने कहा था कि भारतवर्ष में सच्ची शिक्षा की कमी ही हमारी सारी समस्याओं का कारण है। उन्होंने अपने शिक्षा केन्द्र को ऐसे खुले आकाश और जंगल के बीच शुरू किया था जहाँ शिक्षक अध्ययन और अध्यापन में लगे रहें। सम्भव हो तो वहाँ स्कूल के लिए खेती भी की जा सके। विद्यार्थी खेती, गौपालन और बागबानी का काम भी करें। इससे वे प्रकृति के साथ केवल वैचारिक और भावनात्मक स्तर पर ही नहीं बल्कि शारीरिक स्तर पर भी सम्बन्ध रख सकेंगे।[4] उन्होंने शान्तिनिकेतन विश्वविद्यालय की, जिसे वे आम्रनिकुंज कहते थे, नींव डाली।

शुरुआत करने से पहले उन्होंने विद्यार्थियों के सामने कुछ आदर्श रखे : "अगर हम अपने प्रयत्नों में सफल होते हैं तो तुम सब साहसी व्यक्ति होगे, कष्ट या दर्द से डरने के कारण हिम्मत नहीं हारोगे और शोक तुम्हारी हिम्मत नहीं तोड़ेगा। हार जाने पर भी तुम हिम्मत नहीं हारोगे।

"धन और सम्पत्ति तुम्हें गर्वान्वित या अहंकारित नहीं करेंगे। तुम्हें मृत्यु से डर नहीं होगा, तुम हमेशा सत्य की खोज करते रहोगे और असत्य को अपनी बुद्धि और हृदय, वाणी और कार्य से दूर रखोगे। अगर विश्वास और ज़िम्मेदारी के लिए अपनी सम्पत्ति या जीवन भी देना पड़े, तो अपने मन और बुद्धि की शान्ति को नहीं खो बैठोगे। अगर हमें सफलता मिलेगी तो भारत फिर से जाग उठेगा। जहाँ तुम होगे वहाँ आनन्द भी होगा।"[5]

शान्तिनिकेतन का प्रारम्भ सन 1901 में हुआ था और वह बीसवें और तीसवें दशक तक अपनी पूरी ऊँचाई तक पहुँच गया था। गुरुदेव की शिक्षा-सम्बन्धी विचारधारा ने दुनियाभर के शिक्षा जगत को बड़ा प्रभावित और प्रेरित किया था। उनका ज़ोर अपनी मातृभाषा, सृजनात्मक प्रवृत्तियों और प्रकृति के साथ घनिष्ठ सम्बन्ध पर था जो शिक्षा के क्षेत्र में अभी भी अत्यन्त महत्त्वपूर्ण स्थान रखता है।

आत्मनिर्भर शिक्षा-प्रणाली

सन् 1937 में जब इंडियन नेशनल कांग्रेस ने प्रान्तों में अपने मंत्रिमंडल बना लिए थे, उस समय गांधीजी ने शिक्षा की एक नई प्रणाली, 'बुनियादी तालीम' के नाम से शुरू की थी, जो 'बेसिक एजुकेशन' भी कहलाती थी।

कांग्रेस के मंत्रिमंडल की ज़िम्मेदारी थी कि देश में पूरी-पूरी नशेबन्दी का क़ानून लगाएँ। अनेक लोगों की राय थी कि ऐसा करने से शराब का टैक्स बन्द हो जाएगा जिसका असर यह होगा कि शिक्षा-व्यवस्था को मिलनेवाली आमदनी सरकार देना बन्द कर देगी। उस समय अंग्रेज़ी सरकार शिक्षा विभाग का खर्च उसी के आधार पर करती थी। गांधीजी को यह तर्क बिलकुल भी स्वीकार नहीं था। उन्होंने कहा, ''नए विधान का सबसे निर्दयी और क्रूर असर यह होगा कि हमारे पास अपने बच्चों को शिक्षा देने के लिए शराब की आमदनी के अलावा और कुछ नहीं होगा।''[6] कांग्रेस का मंत्रित्त्व सँभालनेवालों को एक भाषण देते हुए उन्होंने कहा, ''...यह हमारे लिए उलझन तो है किन्तु हमें इससे घबराना नहीं चाहिए। हमें इसे ऐसे सुलझाना चाहिए कि उसके कारण हम अपने शराब बन्दी के आदर्श के साथ समझौता न करें। चाहे इस पर हमें कुछ भी खर्चा करना पड़े। यह हमारे लिए लज्जा और अपमान की बात होगी, अगर हम यह सोचें कि शराब की कर-आमदनी के अलावा हमारे बच्चों को शिक्षा देने के लिए कुछ नहीं है। अगर यह करना भी पड़े तो हमें इसे छोटी-सी भूल ही मानना चाहिए। हमें इसके कारण अकर्मण्य नहीं हो जाना चाहिए। यह समस्या हमें चकरा न दे।''[7] गांधीजी ने देश के शिक्षाविदों को ऐसी शिक्षा-व्यवस्था का निर्माण करने के प्रश्न पर सोचने के लिए बुलाया जो खर्चीली न हो और देश की ग्रामीण जनता की इस ज़रूरत को पूरी कर सके।

हरिजन पत्रिका में प्रकाशित अपने लेख 'एजुकेशन' में उन्होंने कहा, ''शिक्षा की समस्या का हल निकालने के लिए जो अब शराब की आमदनी के साथ जुड़ा हुआ है, हमें क्या करना चाहिए... ।''[8] शिक्षा में पिछड़े हुए एक राष्ट्र की जनता के प्रति अपनी ज़िम्मेदारी हम कैसे पूरी करें, वो भी इतने कम समय में। मैंने इसलिए यह सुझाने की हिम्मत की है कि शिक्षा को स्वावलम्बी होना चाहिए। शिक्षा का मेरा यह अर्थ है कि बच्चों और सयानों के शरीर, बुद्धि और वृत्ति के सारे गुणों का विकास हो। पढ़ाई-लिखाई शिक्षा की न तो शुरुआत है और न ही अन्त। वह तो केवल एक साधन है जिसके द्वारा शिक्षा का आदान-प्रदान होता है इसलिए मैं प्रारम्भ करूँगा बच्चे को एक उपयोगी दस्तकारी सिखाने से, जिससे वह शुरू से ही कुछ बनाना सीखे। इस प्रकार हर पाठशाला स्वावलम्बी बनाई जा सकती है। हाँ, यह आवश्यक है कि पाठशाला में इस प्रकार की बनी चीज़ें राष्ट्र खरीद ले।

''मैं यह मानता हूँ कि इसी प्रकार की शिक्षा-व्यवस्था के द्वारा ही बुद्धि और आत्मा का उच्चतम विकास सम्भव हो सकता है। हस्तकला की शिक्षा देनी पड़ेगी,

वह ऐसे नहीं होगी जैसा कि आज होता है—बिना समझे-बूझे औज़ार चलाना और चीज़ें बनाना। उसे तो वैज्ञानिक ढंग से सिखाना होगा, यानी हर कार्य को कहाँ और कैसे, यह समझकर। मैं जो कह रहा हूँ वह अपने अनुभव के आधार पर है। इस दृष्टि का आज वहीं उपयोग हो रहा है, जहाँ कातना और बुनना कारीगरों को सिखाया जाता है। मैंने स्वयं कातने और चप्पल बनाने का काम सफलतापूर्वक सिखाया है। इस प्रकार की शिक्षा में केवल बोलचाल के साथ इतिहास और भूगोल भी शामिल है। इस प्रकार की शिक्षा में लिखाने-पढ़ाने मात्र की शिक्षा से दस गुणा अधिक शिक्षण होता है। अक्षर ज्ञान बाद में आना चाहिए, वह तब, जब विद्यार्थी यह समझना सीख ले कि अनाज और छिलके में क्या भेद होता है। वह और भी अच्छा होगा जब विद्यार्थी अपने काम और स्वाद को जान लेगा। यह एक क्रान्तिकारी सुझाव है किन्तु इसमें समय और मेहनत बचाने की शक्ति है। इसका अर्थ हुआ कि यह पद्धति हर प्रकार से ज्ञान देती है, दस्तकारी सीखने के साथ-साथ उसमें मैथमैटिक्स भी आ जाता है।''[9] उन्होंने कहा कि पैसेवालों पर टैक्स लगाने से ज़रूरी धन तो इकट्ठा हो सकता है लेकिन उसके द्वारा हमारी मानसिक सुस्ती बढ़ जाएगी। मेरा सुझाव एक विशेष तौर पर संतुलित और समस्या का अत्यन्त व्यावहारिक हल होगा।

बेसिक स्कूलों के द्वारा 'बुनियादी तालीम'

सन् 1937 के अक्टूबर महीने में वर्धा में एक सम्मेलन बुलाया गया। उसमें गांधीजी की बुनियादी तालीम के ऊपर गहरी चर्चा हुई। हालाँकि कुछ विशेषज्ञों को इस बात पर काफ़ी शंकाएँ थीं कि शिक्षा स्वावलम्बी होनी चाहिए किन्तु अधिकतर नामी शिक्षाविदों ने इसका स्वागत किया। इस विचार का आमतौर पर स्वागत किया गया कि स्वावलम्बन के द्वारा स्कूल की आर्थिक स्थिति को बड़ी मदद मिलेगी।

डॉक्टर ज़ाकिर हुसैन के शब्दों में, ''काम को शिक्षात्मक होने के लिए अच्छे स्तर का होना पड़ेगा और सारा अच्छा काम उत्पादक होता है।'' डॉ. ज़ाकिर हुसैन की अध्यक्षता में एक कमेटी का निर्माण किया गया, जिसका काम बुनियादी तालीम की योजना बनाना और उसका पाठ्यक्रम तैयार करना था। इस स्कूल की शिक्षा-योजना किसी उत्पादक कार्य को केन्द्रित करके बने और वह बच्चों के शारीरिक और सामाजिक वातावरण के द्वारा हो, जिसमें औपचारिक शिक्षा-पद्धति पर कम से कम ज़ोर दिया जाए।

सेवाग्राम एक कपास पैदा करनेवाला क्षेत्र होने के कारण बच्चे कपड़ा तैयार करने की सारी अवस्थाओं में हिस्सा ले सकते हैं। उन्होंने कपास के बीज बोए, पौधों की देखभाल की, कपास निकाली, बीज निकालकर, उसकी धुनाई की पूनिया बनाने के बाद धागा काता और शिक्षक को कपड़ा बुनने में मदद की। यानी अब वे अपने खुद के बनाए कपड़े पहन सकते थे। इस प्रकार के कार्य करते-करते वे गणित सीखते थे, पौधों को उगते हुए देख सकते थे। प्राचीन युग में कपड़ा किस प्रकार बनाते थे और किस प्रकार की अलग-अलग कपास होती है इत्यादि तरह-तरह का ज्ञान हासिल करते थे। इसके साथ-साथ पौधों और जानवरों के जीवन की जानकारी पाते थे। इस पद्धति से बच्चों को अनेक प्रकार का ज्ञान मिलता था और वह भी स्वाभाविक तौर पर बिना अतिरिक्त कष्ट किए। इसका अर्थ यह नहीं कि पुस्तकों का प्रयोग नहीं होता था। दरअसल उसका उलटा ही हुआ। पुस्तकों की आवश्यकता और भी बढ़ गई। जब बच्चों को अपने कुछ प्रश्नों का उत्तर खोजने की ज़रूरत होती थी तब वे उस प्रसंग की पुस्तक उठाकर उसमें खोज करते थे। इस प्रकार के वातावरण में पुस्तकें, उनके जीवन में एक आवश्यक माध्यम बन गईं थीं।

बच्चे का सामाजिक जीवन उसकी शिक्षा का एक मुख्य साधन होता है। गाँव में जब उत्सव इत्यादि मनाए जाते थे तब शिक्षक बच्चों को उनके महत्त्व और इतिहास के बारे में बताते थे। इतिहास का एक बड़ा हिस्सा तो स्कूल के कार्यक्रम का भाग ऐसे ही हो गया था। राष्ट्रीय और अन्तर्राष्ट्रीय परिस्थिति की जानकारी और समझ भी शिक्षा का एक महत्त्वपूर्ण अंग है। अपनी समाज की व्यवस्था को लोकतंत्र के नियमों और परम्पराओं के आधार पर चलाना, समाज के विभिन्न पहलुओं की ज़िम्मेदारी लेना, मतभेद व आपसी तनाव को समझना और उन्हें सुलझाना सेवाग्राम की पाठशाला की शिक्षा के अंग थे।

बतौर गांधीजी बच्चे के जीवन के सभी पहलुओं का बड़ा महत्त्व होता है। बच्चे और शिक्षक द्वारा की गई ग़लतियाँ शिक्षा की दृष्टि से महत्त्वपूर्ण होती हैं और उनका उपयोग शिक्षा में पूरा-पूरा होना चाहिए, तभी बच्चा स्वाभाविक रूप से और अनजाने ही सीख लेता है। एक बार बच्चे की रुचि जग जाए तो उसके सामने दुनिया के सारे दरवाज़े खोज करने के लिए खुल जाते हैं। तब वे अपनी शक्ति और वृत्ति के आधार पर उसे मदद करते हैं। गांधीजी ने कहा ही है, ''शिक्षा जीवन के लिए और जीवन के द्वारा हो।''

दरअसल गांधीजी की शिक्षा-व्यवस्था का आधार और लक्ष्य बच्चे का सम्पूर्ण विकास है। यह शिक्षा मानसिक और शारीरिक श्रम का भेद समाप्त कर देती है,

अर्थात यह दस्तकारी का ज्ञान और उसे कार्यान्वित करने की शक्ति की मानसिक योग्यता दोनों को बराबर मानती है। सत्यता में तो दोनों का विकास साथ-साथ ही होता है। यानी इसका उद्‌देश्य है कि समाज में मज़दूर वर्ग और बौद्धिक वर्ग में कोई भी भेद न रहे। यानी एक सम्पूर्णव्यक्तित्व वाला मनुष्य हाथ का काम उसी भावना से करे, जैसा वह बुद्धि से करता है। कोई भी काम नीचा नहीं माना जाएगा, चाहे वह बुद्धिवाला न हो। यह तो सच है कि कोई हाथ के काम में निपुण है तो दूसरा गणित और व्याकरण में माहिर है। गांधीजी की शिक्षा योजना में सारे उपयोगी काम एक ही स्तर की इज्ज़त पाएँगे और उसका वह स्थान सारे राष्ट्र में होगा। उसके अन्दर वह शक्ति होगी जो सारे वर्गीय ढाँचे को ख़त्म कर देगी।

नई तालीम की व्यापकता

गांधीजी 1944 के 'भारत छोड़ो' आन्दोलन के बाद जेल से बाहर आए। उन्होंने अपनी नई विचारधारा का खुलासा किया : "मेरे मन में यह स्पष्ट हो गया है कि बुनियादी तालीम की व्यापकता का खुलासा किया जाए और वह कितनी व्यापक है, उसके बारे में विचार-विमर्श किया जाए। उसके अन्दर प्रत्येक की शिक्षा के बारे में सोचा जाए—हर एक के बारे में हर एक अवस्था में।"

दिसम्बर 1947 को उन्होंने एक भाषण में कहा, "बुनियादी तालीम को आमतौर पर समझा जाता है कि वह केवल दस्तकारी के माध्यम से ही हो। कुछ हद तक तो यह बात ठीक है लेकिन यह पूरा सच नहीं है। (बुनियादी तालीम नाम के बदले उन्होंने इसे नई तालीम कहना शुरू किया। यह इसलिए कि उन्होंने उसका क्षेत्र काफ़ी बड़ा कर दिया) इसका आधार सत्य और अहिंसा, व्यक्तिगत और सामूहिक जीवन पर है।...यह सच्ची शिक्षा हरेक को सहजता के साथ मिलनी चाहिए। यह केवल कुछ-सौ हज़ार शहरवासियों के लिए नहीं बल्कि लाखों-करोड़ों ग्रामवासियों के लिए भी सुलभ भाव से उपलब्ध होनी चाहिए। यह शिक्षा पुस्तकों के सूखे पन्नों के द्वारा नहीं दी जा सकती है। यह तो केवल जीवन-पुस्तक के द्वारा ही उपलब्ध होती है। इसमें कोई धन खर्च करने की ज़रूरत नहीं है। इसे कोई छीन नहीं सकता है।"[10]

भारत सरकार ने 1949 में एक विश्वविद्यालय कमीशन का गठन किया था। कमीशन ने अपनी रिपोर्ट में कहा था, गांधीजी की शिक्षा योजना का सार केवल यही नहीं है कि बच्चों की शिक्षा की आवश्यकता की पूर्ति की जाए। उन्होंने कहा था कि बच्चों की सबसे महत्त्वपूर्ण विश्व-शिक्षा का सार तो यह है कि जब से

बच्चा अपनी माँ के काम में हिस्सा बँटाने लगे तब से उसके पूरे व्यक्तित्व का विकास शुरू होता है, यानी जब तक कि वह बड़ा होने पर अपने गुरु के साथ बैठकर काम करने योग्य हो जाए। इस विचारधारा का अर्थ यह हुआ कि शिक्षा जीवन के हर कार्य और पहलू से पूरी-पूरी जुड़ी हुई हो। यह बुनियादी विचार धीरे-धीरे शिक्षा जगत में प्रोत्साहित होता जा रहा है और इसका व्यवहार भी बढ़ रहा है।

आखिर में मैं गांधीजी द्वारा दी गई शिक्षा की व्याख्या का ज़िक्र करूँ, ''इस मूक क्रान्ति के अग्रभाग के अनेक दूरगामी परिणाम होंगे। यह हमारे गाँवों के बढ़ते पतन को रोकगी और एक न्यायसंगत अवस्था की बुनियाद डालेगी जो गरीबी और अमीरी के भेदभाव को समाप्त करेगी और हरेक को रोटी-रोज़ी और आज़ादी का हक दिलाएगी।''

सन्दर्भ

1. रेजीनाल्ड रेनोल्ड्स, *व्हाइट साहेब्स इन इंडिया*; मार्टिन सेकर एंड बारबर्ट, लन्दन, 1937, पृ. 150।
2. वही, पृ. 149-50।
3. वही, पृ. 150।
4. रवीन्द्रनाथ टैगोर, *ए टैगोर रीडर*, सम्पादक अमीय चक्रवर्ती, बीकन प्रेस, बॉस्टन 1961
5. वही।
6. एम.के. गांधी, *एजुकेश्नल रीकंसट्रक्शन*, कलैक्शन ऑफ गांधीजीस आर्टिकल्स, 1937, हिन्दुस्तानी तालीम संघ, सेवाग्राम, वार्धा, 1956, पृ. 7।
7. वही, पृ. 7।
8. वही, पृ. 3।
9. वही, पृ. 3-5।
10. एम. एस. पटेल, *द एजुकेश्नल फिलोसॉफी ऑफ महात्मा गांधी*, नवजीवन पब्लिशिंग हाउस, अहमदाबाद 1958, पृ. 150।

सच्ची शिक्षा वही है जिसका उद्देश्य सत्याग्रह हो

आज़ादी से पहले का काल

सन् 1916 में गांधीजी ने भारत में शिक्षा की अवस्था के सम्बन्ध में यह टीका की थी–"शिक्षा के इस प्रकार के अतिमोह के बावजूद कोई भी क्या यह सोचने के लिए समय देता है कि आखिर यह शिक्षा है किसलिए, क्या इसने लोगों के लिए कुछ अच्छा किया है और जो मेहनत इसके लिए की जा रही है, उसका कुछ अच्छा नतीजा हो रहा है? हम यह भी नहीं सोचते कि शिक्षा का अर्थ क्या है, इसके उद्देश्य क्या हैं? अधिकतर लोग इसका सम्बन्ध केवल नौकरी-चाकरी से जोड़ते हैं। आमतौर पर ऐसे लोग जो धन्धे या व्यापार में लगे होते हैं, इस शिक्षा को अपनाने की कोशिश करते हैं और जब उन्हें नौकरी मिल जाती है तब वे अपने आपको ऐसा मानने लगते हैं कि वे अब जीवन की एक ऊँची सीढ़ी पर पहुँच गए। हमारे स्कूलों में हम देखते हैं कि जो लड़के कुछ धन्धोंवाले समाज–उदाहरणार्थ लुहार, राज मिस्त्री, बढ़ई, दर्ज़ी, चमड़े का काम करने वाले इत्यादि आते हैं, दफ्तरी नौकरी मिलने पर अपने आपको समाज में एक सीढ़ी ऊपर चले गए, ऐसा समझते हैं। दफ्तर का क्लर्क होने पर अपने को अधिक माननीय मानने लगते हैं। उनके माता-पिता भी उनकी इस ग़लत विचारधारा के साथ हो जाते हैं। इस तरह अपनी जाति और ज़िम्मेदारी के प्रति बेइज्ज़ती करके गुलामी के और भी अधिक शिकार बन जाते हैं।"[1]

करीब-करीब उसी समय रवीन्द्रनाथ टैगोर ने अपने बाल्यकाल के बारे में लिखा, "जब तक मुझे स्कूल में जाने के लिए बाध्य किया गया था तब तक मैं उसे असहनीय यंत्रणा ही मानता रहा। मैं उन सालों को तब तक गिनता रहा जब तक अपनी स्वतन्त्रता नहीं पा सका। मेरे बड़े भाई अपना शैक्षिक काल पूरा करके अपने-अपने ढंग से अपनी जीवन यात्रा में लग गए थे। हर रोज सुबह जल्दी-जल्दी खाना खाने के बाद वे घर के दरवाज़े पर तैयार खड़ी गाड़ी में बैठकर चले जाते थे, तब मैं उन से ईर्ष्या करता था। मैं चाहता रहा कि किसी जादू से

ये पन्द्रह-बीस साल जल्दी चले जाएँ और तुरन्त एक वयस्क पुरुष हो जाऊँ। बाद में मैंने समझ लिया कि जो भार मेरे सिर पर लग रहा था, वह उस समय की प्रचलित शिक्षा-पद्धति का एक अस्वाभाविक दबाव था जो हर जगह छाया हुआ था।''[2]

रवीन्द्रनाथ व्यक्ति के विकास के एक-दूसरे पहलू पर भी ध्यान देते हैं। वे जेल और फैक्टरी से उस शिक्षा-व्यवस्था की तुलना करते हैं जिसमें बच्चे को दीनता के साथ देखकर बौना बना दिया जाता है। शिक्षकों की एक टोली को दिए भाषण में उन्होंने कहा, ''इस संकट काल में स्कूलों को शिक्षा की फैक्ट्री की तरह बनाया जा रहा है, जिसमें ज्ञान नहीं होता, विश्व प्रकृति के साथ कुछ सम्बन्ध नहीं रहता, जो नंगी सफेद दीवारों के बीच भरी हुई चौड़ी, खुली भाषा की तरह ताकती रहती हैं। भगवान की दी हुई आँखों के साथ जगत के आनन्दमय वातावरण में हम जनमे हैं। यह शिक्षा इस सुखमय वातावरण को जेल में डालकर नियंत्रण के बहाने कुचल देती है और बच्चे की मानसिक बारीकियों को नष्ट कर देती है। बच्चे का मानस जो हमेशा जागरूक रहता है, कुछ पाने के लिए उत्सुक प्रकृति से ज्ञान पाना चाहता है, इस शिक्षा के माध्यम से हमेशा भूखा रहता है। हम किसी अजायब घर की एक वस्तु की तरह बैठे देखते रहते हैं जबकि बच्चों के ऊपर पत्थरों की वर्षा की तरह उन्हें पाठ पढ़ाए जाते हैं।''[3]

मैं यह पूरा-पूरा मानता हूँ कि गांधीजी और गुरुदेव दोनों ने यह अच्छी तरह दिखा दिया कि जो शिक्षा-व्यवस्था अंग्रेज़ों ने भारत के ऊपर लादी थी, वह देश के लिए विनाशात्मक थी। यह तथ्य लॉर्ड मैकॉले के एक बयान से और भी साफ हो जाता है, ''हमारे अंग्रेज़ी स्कूल खूब अच्छी तरह फलफूल रहे हैं। कहीं-कहीं तो हमें सबके लिए शिक्षा का इन्तज़ाम करने में कठिनाई आ रही है। हुगली शहर में 1400 लड़के इस प्रकार इंग्लिश भाषा में पढ़ाई कर रहे हैं। इस शिक्षा का असर हिन्दुओं पर अच्छा पड़ रहा है। जिन हिन्दुओं ने अंग्रेज़ी में यह शिक्षा पाई है, उनमें से कोई भी अपने हिन्दू धर्म से चिपका नहीं रहता। उनमें से कुछ तो यह मानते हैं कि यह तो एक अच्छी व्यवस्था का अंग हैं लेकिन कुछ अपने धर्म को छोड़कर ईसाई धर्म को अपना रहे हैं। मेरा पूरा विश्वास है कि आज से 30 साल बाद बंगाल में इज्ज़तदार वर्ग में से एक भी मूर्तिपूजक नहीं रहेगा। ज़बरदस्ती किए बिना, उनकी धार्मिक स्वतन्त्रता को बाधा दिए बिना यह हो जाएगा। यह होगा स्वाभाविक तौर पर। उस पर गहरी नज़र डालकर मैं सुन्दर भविष्य की आशा बड़े आनन्द के साथ कर रहा हूँ।''[4]

भारत जागा

हमें इस बात पर गर्व होगा कि लॉर्ड मैकॉले के उपरोक्त कथन के बावजूद भारत ने अपनी संस्कृति और आध्यात्मिक पृष्ठभूमि को नहीं छोड़ा। भारत जागा और फिर से अपनी संस्कृति का पुनर्निर्माण करने लगा। यह मौका मेरे लिए भारत के शिक्षा पुनर्जागरण के इतिहास में जाने का नहीं है। अगर मुझे उस बड़े दायरे में प्रवेश करना है तो कई सारे प्रयोगों और व्यक्तित्वों का ज़िक्र करना पड़ेगा। यहाँ तो हमें केवल गांधीजी के शिक्षा-सम्बन्धी आदर्शों के बारे में चर्चा करनी है। तो भी मैं आगे जाने के पहले गुरुदेव रविन्द्रनाथ की शिक्षा पर किये गये काम का ज़िक्र करूँगा यह इसलिए कि उनका यह कार्य उनकी नयी शिक्षा परम्परा के नवनिर्माण का पहला कदम था।

भारत की नई शिक्षा की दृष्टि

गांधीजी रवीन्द्रनाथ के शिक्षा के पुनर्गठन के काम की बड़ी तारीफ करते थे और उन्होंने अपनी शिक्षा योजना के लिए उनसे काफ़ी सीखा। उनका स्वप्न था कि अंग्रेज़ी राज के काल की शिक्षा ने जो भारत के गाँवों का नुकसान किया, उसका सुधार किया जाए। वे स्वराज के लिए काम कर रहे थे, जो केवल राजनैतिक दृष्टि से ही नहीं बल्कि देश, समाज और हर व्यक्ति के लिए आवश्यक था।

गुरुदेव का शिक्षा व्यवस्था पर जो उन्होंने कहा उनके बचपन के पाठशाला के अनुभवों पर आधारित था। उन्होंने उनके प्रसिद्ध लेख 'माई स्कूल' में लिखा है "...इस दुख का कारण उस समय से जुड़ा है जब मुझे स्कूल में भेजा गया था। तब मुझे एकाएक ऐसा लगा जैसे मेरी चारों ओर की दुनिया कहीं चली गई हो, और उसके बदले लकड़ी की बेंचें और नंगी दीवारें मुझे ताक रही हैं।" वे पाठशाला के बारे में लिखते हैं : "यह तो ऐसा अनुशासन है जो व्यक्ति के ख़याल का कुछ भी नहीं करते। यह तो विशेष तौर पर बनाई गई एक फैक्ट्री है जो एक ही प्रकार का परिणाम चाहती है। यह तो जीवन को एक काल्पनिक सीधी रेखा जैसा बनाती है जिसे ये शिक्षा कहते हैं। किन्तु जीवन की रेखा तो एक सीधी रेखा नहीं है। यह तो झूमाझूमी का खेल खेलना चाहती है जो स्कूल का मज़ाक उड़ाती है। स्कूल तो वह है जो कहता है कि मैं जब बिलकुल अच्छा हूँगा जब मुझे पूरा-पूरा मृत जाना जाएगा। किन्तु बाल्य अवस्था एक ऐसा काल है जब व्यक्ति के जीवन में सम्पूर्ण स्वतन्त्रता हो—पाठशाला से, सामाजिक और व्यावसाइक रूढ़िवाद से।"[5]

सच्ची शिक्षा के वातावरण का थोड़ा-सा चित्र मिलेगा 'माइ स्कूल' लेख से। गुरुदेव अपने आश्रम के बारे में कहते हैं, "हमारे आश्रम के चारों तरफ–क्षितिज तक–खुला आकाश और खुली धरती है, हाँ कुछ इधर-उधर ताड़ वृक्ष और काँटेवाली झाड़ियाँ जिनमें कीड़ियों के धरती में घोंसले।...दक्षिण की ओर कुछ दूर गाँव के पास कुछ और ताड़ वृक्ष, धरती के गड्डों में कुछ नीला-सा पानी दिखता है। एक सड़क जो छोटे से शहर में लोगों के सामान खरीदने के लिए खेतों के बीच से जाती है–धूल से कुछ सूरज को ढके, वहाँ से कुछ यात्री आते-जाते दिखते हैं। दूर से मंदिर की मीनार दिखती है, पास में शान्तिनिकेतन–उसके आम के बगीचे के रास्ते को देख पाते हैं।"[6]

सचमुच में कवि की पाठशाला! क्या उस कवित्व के बिना जीवन जीने योग्य है, अगर कविता के बिना, जो जीवन को सृजनात्मक बनाती है? सचमुच देश में अनेक शान्तिनिकेतन नहीं बनाए जा सकते। गुरुदेव का विश्वास था कि सच्ची शिक्षा एक नकली वातावरण में नहीं दी जा सकती, वह वातावरण जो आज आधुनिक शहरों का बन गया है। उनका विचार तो प्राचीन वन की पाठशाला का था, जहाँ विद्यार्थी अपने गुरु के साथ वास करें, उनके अपने बच्चों की तरह। वह भी बिना फीस दिये शिक्षा के लिए और न ही खान-पान के लिए। शिक्षक अपना अध्ययन-अध्यापन करता रहेगा–सादगी के साथ और उसे धन्धे के तौर पर नहीं बल्कि विद्यार्थियों को शिक्षा देने के लिए।

गांधीजी का उद्देश्य विशेष तौर पर बीसवीं शताब्दी के लिए था। वे देश के प्रत्येक नागरिक को पूर्ण-स्वराज पाने के लिए ऐसे उत्साहित करना चाहते थे जिससे उनके मानस में उसके लिए आकांक्षा पैदा हो जाए। उनका कहना था कि देश में राष्ट्रीय पाठशालाएँ शुरू की जाएँ। उनकी पहली कोशिश थी कि भारत एक नई शिक्षा-पद्धति का निर्माण करे। इस चिन्तन में उनके पन्द्रह वर्ष से भी अधिक लगे और उन्होंने बुनियादी तालीम के नाम से देश को एक नई योजना दी। उनका चिन्तन सच्ची शिक्षा के बारे में पहले ही साफ था। उदाहरणार्थ सन् 1924 में उन्होंने *नवजीवन* पत्रिका में लिखा था : "...केवल पुस्तकीय ज्ञान मुझे सन्तुष्ट नहीं कर सकता। सरकारी पाठशालाओं में 'क्लर्क' बनाने के लिए केवल लिखना और पढ़ना ही सिखाया जाता है लेकिन जो आदर्श हमारा है वह तो स्वराज, स्वतन्त्रता और आत्मनिर्भरता पाने के लिए है। इन पाठशालाओं में पढ़ना-लिखना सीखने के साथ-साथ विद्यार्थियों को हृदय की शक्ति और शारीरिक श्रम की गरिमा भी सिखानी होगी। लिखने और पढ़ने को अपना आखिरी उद्देश्य न बनाकर उसे चरित्र-विकास और स्वराज्य पाने का माध्यम बनाना चाहिए।

विद्यार्थियों में चरित्र की शक्ति और शुद्धता का विकास करने के लिए ऐसे शिक्षक चाहिए जो हृदय से शुद्ध और शक्तिशाली हों।''[7]

यह साफ है कि केवल सीखने से कुछ नहीं किया जा सकता। सीखने का लाभ तभी होगा जब उसका अन्तरीकरण हो और उसका प्रत्यक्ष उपयोग किया जाए। यह उपयोग त्याग और भलमनसाहत के साथ होना चाहिए। गांधीजी ने हमारी आज़ादी के संघर्ष के साथ अहिंसा को जोड़ा था। उन्होंने 15 नवम्बर, 1920 को गुजरात विद्यापीठ का उद्घाटन करते समय विद्यार्थियों से कहा था, ''...विदेशी राज्य की राक्षसी शक्ति के साथ हमें अपनी शान्तिमय और आध्यात्मिक शक्तिवाले आन्दोलन के द्वारा स्वराज पाने के लिए मुकाबला करना चाहिए। हमें बीज को बोकर उसमें पानी देकर आगे ले जाना चाहिए ताकि भगवान की कृपा से ठीक समय पर यह स्वराज का वृक्ष पनप सके। यह केवल चरित्र-शक्ति से ही पनप सकता है। अगर तुम्हारे शिक्षक इस तथ्य का ख़याल रख सकें तो हम ठीक रास्ते पर होंगे। मैं जानता हूँ कि वे इसी के लिए, जीने के लिए ही–अगर मरना भी पड़े तो उसके लिए भी तैयार हैं। और यही तो है जीना।''[8]

देश और व्यक्ति की स्वतन्त्रता

दोहराने के बावजूद मैं कहना चाहूँगा कि महात्मा गांधी ने स्वराज के बारे में कहा था कि वह दोनों तरफ ही लागू होता है, ब्रिटिश राज से मुक्ति और व्यक्ति की मुक्ति–अपना सम्पूर्ण व्यक्तित्व बनाने के लिए। 1947 में बुनियादी तालीम के प्रारम्भ के समय से ही उनके द्वारा गठित संस्थाएँ जन-जागरण और रचनात्मक कार्यक्रम में एक साथ काम कर रही थीं। शिक्षा की यह योजना किसी भी राजनैतिक संघर्ष से अलग थी। रचनात्मक कार्य में लगे कार्यकर्ता राजनैतिक कार्य में प्रत्यक्ष हिस्सा नहीं लेते थे। उनका उद्देश्य जनता में आत्मनिर्भरता विकसित करना था। उदाहरणार्थ–''खादी और ग्रामोद्योग द्वारा देश की आर्थिक और औद्योगिक अवस्था का कैसे पुनर्निर्माण किया जाए'' पूरी तरह एक समाजवादी कार्यक्रम था, चाहे इसे यह नाम नहीं दिया गया था। इसके साथ 'राजनीति' शब्द नहीं जोड़ा जा सकता था। इसका नाम तो था आर्थिक समता, जो अहिंसा और आज़ादी की मुख्य चाबी थी।

रचनात्मक कार्यक्रम की सूची में एक और विषय था–स्वास्थ्य और सामाजिक सफ़ाई। गांधीजी ने कार्यकर्ताओं से अपेक्षा की थी कि वे जनता को यह समझाने की ज़िम्मेदारी लें कि व्यक्तिगत और सामाजिक सफ़ाई की जीवन में अत्यन्त

आवश्यकता है और उन्हें यह हर हालत में कायम रखनी चाहिए। उन्होंने हमेशा अस्पृश्यता को जड़मूल से निकाल देने पर बहुत ज़ोर दिया। उन्होंने स्त्रियों पर हमेशा यह ज़ोर दिया कि पुरुष के द्वारा रची गई उन परम्पराओं का जो उन पर अधिकार ज़माने का प्रयत्न करती हैं, विरोध करें। उनके लिए ये सब कार्यक्रम बुनियादी तौर पर शिक्षा के विषय रहे। ये उनमें एकता और रचनात्मकता, निडरता और जीवन का आदर करने की तरफ जाने की भावना का विकास करते हैं।

इसी तरह यह राष्ट्रीय योजना, जिसे पहले बुनियादी तालीम नाम दिया गया था, सृजनात्मक और मानसिक शक्ति का विकास करने के साथ यह भी सिखाती है कि हम अपने आराम और सुविधाओं पर ज़ोर न देकर दूसरे ज़रूरतमंद लोगों और समाज की सम्पूर्ण मदद करें। डॉ. ज़ाकिर हुसैन कमेटी ने अक्टूबर 1937 में एक योजना बनाई जिसने उसी साल के अन्त में अपनी रिपोर्ट पेश की। इस रिपोर्ट में नागरिकता की व्याख्या और योजना को प्रस्तुत किया गया। इसके कुछ हिस्से इस प्रकार हैं : "...शिक्षकों और शिक्षाविदों को साफ-साफ समझ लेना चाहिए कि इस नई योजना में आदर्श नागरिकता की क्या अहमियत है। यह नई योजना भविष्य में नागरिकों को अपने व्यक्तित्व की इज़्ज़त का भान देगी और अपनी कीमत, आत्मसम्मान और अपनी कुशलता का बोध कराएगी। इसके साथ ही यह इस शक्तिशाली समाज में सहकारिता बनाने की इच्छा और शक्ति प्रदान करेगी।"[9]

बुनियादी शिक्षा का सन् 1937 वाला काल तो रचनात्मक कार्य का ही एक हिस्सा था। हालाँकि कुछ प्रान्तों में बुनियादी शिक्षा सरकार के कार्य का एक हिस्सा बन गई थी, तो भी देश की राजनैतिक अवस्था के कारण वह अचानक बन्द हो गई। दरअसल यह कहना ठीक होगा कि तब तक बुनियादी तालीम के क्रियान्वयन और उच्चतम स्तर तक पहुँचने के लिए समय तैयार नहीं था। गांधीजी को अभी भी इतना बोध होना बाकी था कि इस योजना को सफल होने के लिए देश में एक नई शिक्षा योजना बनानी होगी, जिसमें सामाजिक परिवर्तन के लिए हर पहलू पर काम हो और जो सरकार और राजनैतिक गुटों से पूरी-पूरी स्वतन्त्र हो।

गांधीजी के 'भारत छोड़ो' नारे के तुरन्त बाद उन्हें कैद कर लिया गया। तब उन्होंने शायद यह आशा की थी कि उनके भाषण–"करो या मरो" का असर यह होगा कि सारा राष्ट्र अंग्रेज़ी राज्य के ख़िलाफ अहिंसक दृष्टि से प्रेरित हो उठेगा। उन्हें शायद कांग्रेस के नेतृत्व और साथ-साथ हज़ारों रचनात्मक कार्यकर्ताओं से कुछ ज्यादा ही आशा थी कि वे उनकी पुकार के आधार पर अंग्रेज़ी शासन का

जोरदार विरोध करेंगे। दुर्भाग्यवश ऐसा नहीं हुआ। तो भी यह 'भारत छोड़ो' आन्दोलन की पुकार बिलकुल निरर्थक नहीं हुई। कहा नहीं जा सकता है कि सत्य क्या था। मुझे तो अब ऐसा लगता है कि त्याग की भावना, आज़ादी की आकांक्षा और अहिंसा के प्रति श्रद्धा इतनी शक्तिशाली नहीं थी कि वह अहिंसक लड़ाई को लम्बे अर्से तक चला सके।

बुनियादी तालीम के बाद नई तालीम

इस अनुभव से गांधीजी बहुत दुखी होकर सोचते रहे होंगे कि 'अब क्या'? जिस समय 1944 में जेल से छूटने पर गांधीजी ने कहा था, "हमें जो अभी तक प्राप्त हुआ है, उससे सन्तोष नहीं होना चाहिए।" फिर उन्नीस सौ सैंतालिस (1947) के एक भाषण में उन्होंने कहा, "शिक्षा वह चीज़ है जो सच्ची स्वतन्त्रता दे सकती है। असत्य और हिंसा हमें गुलामी की तरफ ले जाते हैं, इनका स्थान सच्ची शिक्षा में नहीं हो सकता है।...इसका सम्बन्ध साम्प्रदायिकता या औपचारिकता से भी नहीं हो सकता है।"[10]

उपरोक्त सत्य सत्याग्रह के आदर्श में निहित है। जिस गुण को गांधीजी सत्याग्रही के अंग की तरह मानते थे, वही गुण सच्ची शिक्षा के द्वारा मिलना चाहिए। सच्चा शिक्षित व्यक्ति स्वाभाविक ही एक सत्याग्रही होगा। वह न तो अन्याय की ख़िलाफत करने से डरेगा और न ही किसी प्रकार की अवस्था में हिंसा का उपयोग करेगा। एक सत्याग्रही की तरह कोई सुरक्षित व्यक्ति अन्याय के विरुद्ध कदम उठाने में संकोच नहीं करेगा। उसने जीवन को ठीक रास्ते पर चलाने के लिए अनेक कठिनाइयों का सामना किया होगा और त्यागमय जीवन बिताना सीखा होगा। एक सत्याग्रही के चरित्र को नीचे लिखे शब्दों में बताया गया है; "सत्याग्रही का रास्ता सीधा-सादा होता है। वह हर परिस्थिति में शान्ति के साथ खड़ा रहेगा। वह न तो उतावला होगा और न ही चिड़चिड़ानेवाला। उसे मालूम होना चाहिए कि उसकी पीड़ा देखकर कठिन से कठिन हृदय वाले दुराग्रही का हृदय भी पिघल जाएगा।"

मुद्दा तो यह है कि सत्याग्रह युद्ध नहीं है और न ही मुक्का, बल्लेबाजी। यह तो सभ्य, साहसी, निडर, सच्चे और विनयशील का दृष्टिकोण है। एक सचमुच शिक्षित व्यक्ति न तो दमन या शोषण को सहन करेगा और न ही किसी का दमन या शोषण करेगा। ऐसा व्यक्ति अपने वातावरण के बारे में हमेशा सतर्क रहेगा और जब भी किसी को मदद चाहिए, उसे देगा। ऐसे इनसान को ही सच्चा

शिक्षित व्यक्ति और सत्याग्रही समझा जाएगा।

आखिर में मैं दुनिया की अभी की अवस्था का ज़िक्र करूँ, ख़ासतौर पर अपने देश की अवस्था का। मुझे डर है कि वह इतना आशाजनक नहीं दिखता। हमारे देश में इस शताब्दी के इतने महान शिक्षाविद् होते हुए भी ऐसा क्यों हुआ? रवीन्द्रनाथ ठाकुर और महात्मा गांधी, दोनों ने हमें सत्य और प्रेम के रास्ते पर ले जाने का प्रयत्न किया तो भी हम असफल रहे। क्यों? मेरे विचार से तो शिक्षाविदों और ज्ञानी व्यक्तियों के द्वारा, आज इस प्रश्न पर खोज करने से हमें बहुत लाभ होगा। हमें बताया गया है कि तथाकथित आधुनिक शिक्षा ऐसे स्त्री-पुरुषों का विकास करेगी जिनका चरित्र महान होगा। क्या ऐसा होता हुआ दिखता है? क्या आज जो शिक्षा शैली चली है या चलने लगेगी, वह उस शिक्षा-व्यवस्था से अलग प्रकार की है, जो हमें अंग्रेज़ी राज्य से उत्तराधिकार के रूप में मिली थी?

सन्दर्भ

1. *द कलेक्टेड वर्क्स ऑफ महात्मा गांधी* अंक 13, पृ. 297।
2. रवीन्द्रनाथ टैगोर, *टॉक्स इन चाइना* बीकन प्रेस 1961, बॉस्टन (अमीय चक्रवती, पृ. 213।
3. वही, पृ. 214।
4. एम. के. गांधी, *द प्राब्लम ऑफ एजुकेशन* नवजीवन प्रेस, 1962, पृ. 45।
5. रवीन्द्रनाथ टैगोर, *माई स्कूल, ए टैगोर रीडर,* अमीय चक्रवर्ती, बीकन प्रेस, पृ. 218।
6. वही, पृ. 222-3।
7. एम.के. गांधी, *द प्राब्लम ऑफ एजुकेशन* नवजीवन पब्लिशिंग हाउस, 1962, पृ. 73।
8. *एम.के. गांधी,* नवजीवन प्रेस 1924।
9. एम.के. गांधी *एजुकेशनल रीकन्सट्रक्शन,* हिन्दुस्तानी तालीम संघ, सेवाग्राम, 1956, पृ. 95-6।
10. एम.एस. पटेल, *द एजुकेशनल फिलोसाफी ऑफ महात्मा गांधी,* नवजीवन पब्लिशिंग हाउस, 1953, पृ. 150।

अहिंसक समाज के लिए शिक्षा की व्यवस्था

'अहिंसक समाज-व्यवस्था' का अर्थ क्या है?

जिस सामाजिक व्यवस्था में एक नागरिक दूसरे नागरिक या समाज के प्रति हिंसा करने के लिए सहारा पाता हो या जहाँ की शासन व्यवस्था देश की अन्दरूनी समस्याओं का हल शारीरिक शक्ति द्वारा सुलझाती हो, दूसरे देश के साथ मतभेदों या झगड़ों को युद्ध से सुलझाने की कोशिश करती हो या युद्ध की तैयारी करने की धौंस देती हो, वह किसी भी हालात में अहिंसक व्यवस्था नहीं मानी जा सकती।

एक समाज ऐसा भी हो सकता है जिसके नागरिकों का व्यवहार व्यवस्थित हो, उस समाज में आपसी विरोध को 'जिसकी लाठी उसकी भैंस' के आधार पर हल करने के बदले अदालत में सुलझाया जाता हो, जहाँ चोरी न होने के लिए पुलिस की निगरानी काफ़ी मात्रा में रहती हो और वह स्त्रियों और बच्चों का निडरता से घूमना सम्भव बनाती हो, छीना झपटी करने और घूसखोरी के ख़िलाफ सतर्क रहती हो; जिस समाज में हर कोई अपने दैनिक कार्यों को ईमानदारी के साथ करता हो और वह भूखा न रहता हो, सबकी सुरक्षा हो, ऐसा समाज अहिंसक माना जाएगा।

किन्तु यदि ऐसे अहिंसक समाज के लोगों को यह डर रहे कि 'बड़े बाबू साहब' की नज़र हमारे ऊपर हमेशा रहती है, ऐसा समाज अहिंसक नहीं हो सकेगा। क्योंकि उसमें लोगों के मन पर हमेशा यह बोझ रहेगा कि कहीं किसी भी कार्य के लिए उन्हें सज़ा का हुक्म न हो जाए।

पिछले लगभग 20 वर्षों में दुनिया के अनेक देशों में तानाशाही सरकारों ने दावा किया है कि उनके राज्य में बल प्रयोग द्वारा लोगों को आर्थिक और सामाजिक व्यवस्था का पूरा-पूरा लाभ मिला है। किन्तु उनकी यह स्थिति अधिक दिनों तक नहीं रही। जो कुछ सामाजिक और आर्थिक लाभ दिखे भी तो वे अधिक दिनों तक नहीं चले। असलियत में उनके कारण सच्चा विकास होना भी रुक

गया। सच्ची बात तो यह है कि केवल इस प्रकार की शारीरिक हिंसा, अपराधीकरण इत्यादि का न होना मात्र एक शान्तिमय समाज बनाने के लिए काफ़ी नहीं होता। 'बड़े बाबू' या उसकी छाया का पूर्ण निराकरण करने के बाद ही शान्तिमय सामाजिक व्यवस्था का निर्माण हो सकता है।

कुछ देश फौजी हुकूमत के तहत जीवन बिताते हैं। वह हुकूमत कहती है कि फौज बाहरी देशों के हमले के ख़िलाफ अपने देश को बचाने के लिए है। कुछ और भी ऐसे लोग हैं जो ऐसी अहिंसक संस्थाएँ बनाना चाहते हैं जो बाहर के हमलावरों से देश की रक्षा कर सकें। वे यह नहीं सोच पाते कि इसके लिए देश का अन्दरूनी ढाँचा भी बदलना अत्यन्त आवश्यक होता है। ये दोनों दृष्टियाँ अपने-अपने बड़े पैमाने पर अन्तर्विरोधों से भरी हुई हैं। वह समाज जो हिंसक मूल्यों पर आधारित है, वह किसी भी हालत में देश की अन्दरूनी और बाहरी रक्षा अहिंसा के आधार पर नहीं कर सकता। कोई भी फौजी सरकार अहिंसक नहीं हो सकती है और न ही कोई अहिंसक समाज फौजी हुकूमत कर सकता है या उसके बारे में सोच सकता है।

हिंसा का अर्थ आमतौर पर जानबूझकर दी गई शारीरिक चोट से लिया जाता है। वह छोटी-सी चोट हो या बड़ी दर्दनाक मौत। वह जेल जाना भी हो सकता है—जिसमें मनुष्य को अपना जीवन सामान्य तौर पर जीने की सम्भावना नहीं रहती। हिंसा मानसिक भी हो सकती है। उसका असर शारीरिक हिंसा से कहीं दुखदायी हो सकता है। इसके अलावा एक-दूसरे प्रकार की हिंसा भी हो सकती है, जो समाज व्यवस्था के ढाँचे में निहित होती है। ये सब प्रकार की हिंसा मानव सम्बन्धों पर गहरा असर करती हैं। किसी को गोली से मारना या भूखा मारना लगभग एक जैसा ही होता है। एक ढंग का मारना तुरन्त हो सकता है, दूसरे ढंग से मारने के लिए महीनों या कई साल लग सकते हैं। दोनों से ही मानव और मानवीय सम्बन्धों का ध्वंस होता है।

कोई ऐसा देश शायद ही होगा जिसमें अपराध बढ़ने की गति लगातार बढ़ न रही हो, जिसमें जेलों की संख्या न बढ़ी हो और जिसमें फौज के द्वारा देश की सुरक्षा पर खर्च पिछले तीन-चार दशकों से कई गुना न बढ़ रहा हो! बावजूद इसके कि अनेक औपनिवेशिक देशों ने विदेशी राज से अपनी आज़ादी पा ली है और जो अभी तक स्वतन्त्र नहीं हुए हैं, वे अपनी आज़ादी की तरफ बढ़ रहे हैं, उनके नागरिकों ने अभी तक असली आज़ादी का स्वाद नहीं चखा है। या तो वे सैनिक या असैनिक तानाशाही में रहते हैं या उन देशों में, जहाँ राज्य ज्यादा से ज्यादा दफ्तरशाही होता जा रहा है या तकनीकी विशेषज्ञों के हाथ में जा रहा है। शाब्दिक

प्रश्नों को छोड़ दें तो कहा जाना चाहिए कि अधिकतर राष्ट्रों की दृष्टि पश्चिमी देशों की नकल करने की हो गई है। उनकी नज़र तो जी.एन.पी. पर है। इस पर कि हर व्यक्ति पर कितना खर्च होता है। इनमें से अधिकतर देशों में मानवीय समता के बारे में काम कम ही किया जा रहा है। उनके राजनैतिक नेतागण और बुद्धिजीवी उस भविष्यवाणी को सुनने के लिए तैयार नहीं हैं जो कुछ पश्चिमी चिंतक दे रहे हैं कि इस प्रकार के 'विकास' के कारण उनके देश गड्ढे में गिरते जाने के रास्ते पर जा रहे हैं।

तो फिर अहिंसक सामाजिक व्यवस्था किसे कहेंगे?

अहिंसक समाज के बारे में इस प्रश्न का उत्तर 'न्यूटेस्टामेन्ट' (बाइबिल) की एक नीतिकथा से मिलता है। उदाहरण के लिए–अपने अंगूर के बाग के लिए मज़दूर खोजने एक गृहस्थ अल्लसुबह जाता है। जब उसे एक आना प्रतिदिन पर एक मज़दूर मिल जाता है तो वह उसे अपने बगीचे में काम करने के लिए भेज देता है।

फिर वह दोपहर को जाता है तो देखता है कि कुछ और लोग काम के बिना खड़े हैं। वह उनसे कहता है; तुम लोग भी अंगूर के बाग में जाओ, जो ठीक होगा वह तुम्हें दूँगा। वे भी काम करने चले गए। फिर वह दिन के छटे और नौवें घंटे पर गया और उसने देखा कि और भी लोग खड़े हैं, उसने वैसा ही किया।

और फिर दिन के ग्यारहवें घंटे के समय वह गया और उसने उन लोगों से पूछा जिनके पास कोई काम नहीं था; तुम लोग सारे दिन भी यहाँ बाज़ार में बिना काम के क्यों खड़े हो? उन्होंने कहा कि किसी ने उन्हें काम नहीं दिया है। उसने उनसे भी कहा तुम लोग भी अंगूर के बगीचे में जाओ, जो भी उचित होगा, मैं तुम्हें दूँगा। वे भी चले गए। जब दिन का काम समाप्त हुआ तब उसने अपने कर्मचारी से कहा, "मज़दूरों को बुलाओ और उनकी मज़दूरी दे दो। पर आखिरी मज़दूर से प्रारम्भ करना और पहलेवाले मज़दूर को आखिरी में देना।"

हर मज़दूर को एक आना दिया गया।

पहले आए मज़दूरों ने सोचा कि उन्हें एक आने से अधिक मिलेगा किन्तु उन्हें भी औरों की तरह प्रति व्यक्ति एक आना मिला। अब तब सब आपस में मालिक के ख़िलाफ फुसफुसाने लगे।

उन्होंने कहा कि आखिर में आनेवालों को भी, जिन्होंने केवल एक घंटा काम किया, तुमने एक आना दिया। तुमने उन्हें भी वही दिया जो हमें दिया, जो दिनभर

काम का भार इस गर्मी में उठाते रहे।

मालिक ने जवाब दिया–मित्रो, मैंने कोई अन्याय नहीं किया है। क्या तुम लोग एक आने के लिए तैयार नहीं हुए थे?

जो तुम्हारा है वह लो और घर चले जाओ। जो आखिर में आया, मैंने उसे भी उतना ही दिया है। (मैथ्यू XX, 1-144)[1]

इस नीति का तथ्य है; ''मज़दूरों को बुलाओ और उनकी मज़दूरी दे दो–आखिर में आनेवाले से लेकर सबसे पहले आनेवाले तक।

आज के समाज को जो वजह हिंसक बनाती है, वह है सम्पत्ति का बँटवारा। जो समाज के ऊपरी स्तर के व्यक्ति हैं, वे ही पहले तय करते हैं कि उन्हें क्या और कितना मिलना चाहिए। जो समाज के सबसे नीचे स्तर के होते हैं, उनके लिए कुछ भी नहीं बचता। यह सिद्धान्त केवल भौतिक वस्तुओं पर ही लागू नहीं होता बल्कि जीवन के हर पहलू पर होता है–सामाजिक, राजनैतिक, शैक्षिक और आत्मिक।

उपरोक्त नीतिकथा के आधार पर जो पिरामिड में नीचेवाले होते हैं, उन्हें सबसे पहले मिलता है। यह न्यायसंगत है, ऐसा होना उचित है, लेकिन असलियत में ऐसा नहीं होता–सच्चाई ऐसी नहीं है। क्यों? चाहे समाज पूँजीवादी हो या समाजवादी या फिर कोई मिले-जुले सिद्धान्त वाला, सबमें जो पिरामिड के ऊपरवाले होते हैं, उन्हीं को सब विशेषाधिकार और विशेष सुविधाएँ मिलती हैं। उससे भी महत्त्वपूर्ण बात यह है कि उन्होंने बड़ी बारीकी के साथ ऐसे तरीके अपनाए जिनके कारण नीचे स्तरवालों के लिए ऊपर वालों को किसी प्रकार की ललकार देना भी सम्भव नहीं हो सकता।

'न्यू टेस्टामेन्ट' वाली नीतिकथा की कमी यह है कि बराबरी का बँटवारा करने के लिए उसमें ज़रूरत पड़ी थी बगीचे के मालिक की किन्तु उसमें भी यह नहीं कहा गया है कि बगीचे के मालिक ने अपने लिए कितना पैसा रखा। यहाँ तो यह दिखता है कि ईसा मसीह स्वयं मालिक हैं। ईसा मसीह स्वयं जमींदार नहीं हैं किन्तु यह भी सच है कि बहुत कम जमींदार ही ईसा मसीह जैसे होते हैं। इसलिए यह नीतिकथा एक अहिंसक समाज का नमूना नहीं हो सकती। इसका दृश्य बदलना पड़ेगा। इसमें बगीचे के मालिक की अहमियत कहानी में कम से कम दिखाई गई होगी। जब तक ऊपर ऐसे लोग हैं जो यह तय करते हैं कि मालिक का निर्णय माना जा रहा है और वह भी अच्छे स्तर पर, तब तक ऊपर निरीक्षण करनेवालों की ज़रूरत पड़ेगी और तब तक यह परम्परा चलेगी। इसमें खामी यह है कि लोगों को यह कैसे पता चलेगा कि मालिक अपने लिए केवल

एक पैसा या आना ही रखता है; कौन जानता है कि कब मालिक का मन बदल जाएगा या फिर मालिक ही बदल जाएगा। ऐसी परिस्थिति पर निर्भर करना, मज़दूरों के आपसी सम्बन्धों के सिलसिले में विनाशकारी हो सकता है।

प्रश्न यह है कि जनता इन मालिकों से कैसे छुटकारा पाए। इस सवाल का उत्तर तुरन्त ही नहीं दिया जा सकता कि "कभी भी, जब वे चाहें तब।" इसका कारण यह है कि हिंसा और भी अधिक हिंसा का बीज बो देती है। यह बढ़ती रहती है, तब तक, जब तक जनता या तो हार मान ले या धोखाधड़ी से उन्हें रास्ते से हटा दे। हाँ, अगर यह सवाल बीसवीं शताब्दी के आरम्भ में सामने आता तो शायद उसे सुलझाना कुछ आसान होता। उस समय राज करनेवालों की हिंसा की मात्रा क्रान्तिकारी जनता की हिंसक शक्ति से ज्यादा अलग पैमाने की उतनी नहीं थी। जनता की क्रान्तिकारी शक्ति अप्रिय राज्यकर्ताओं की शक्ति से कहीं अधिक थी इसलिए जनता के लिए ऐसे राज्यकर्ताओं को हटाना कठिन नहीं था। किन्तु आज राज्यकर्ताओं की हिंसक शक्ति का पैमाना कहीं अधिक बढ़ गया है। दूसरी तरफ यह भी सच है कि जनता को उपलब्ध होनेवाले शस्त्रों की ताकत बहुत कम है। कुछ नए माने जानेवाले तरीके, जैसे अपहरण करना या किसी को अपना कैदी बनाकर रखना, आज कुछ बेअसर हो गए हैं।

बीसवीं शताब्दी में राजनैतिक चिन्तन में भी काफ़ी क्रान्तिकारी परिवर्तन हो गए हैं। हिंसात्मक बुनियादवाली पारम्परिक राजनीति भी पुरानी हो गई है। इसके पीछे परिवर्तन के अनेक मुख्य कारण हैं। पुराने उपनिवेशवाद का समाप्त होना, नए प्रकार का उपनिवेशवाद आना, राजनैतिक शक्ति का केन्द्रीकरण हो जाना, आधुनिक औद्योगिकीकरण के समाजवादी राज्यों की असफलता, राजनैतिक पूँजीवाद का बढ़ावा और इस सबके ऊपर न्यूक्लियर बम का विकास और यह महसूस करना कि सैनिकवाद के द्वारा सब कुछ ध्वंस हो जाएगा—ऐसी सोच-समझ के कारण आज की व्यवस्था उलट-पुलट हो गई दिखाई देती है। मार्क्सवादियों का पवित्र वायदा कि केन्द्रीय राज्यकरण (स्टेट) आखिर ख़त्म हो जाएँगे, धूल में समा गया। 'स्वतन्त्रता' शब्द ने नया अर्थ ले लिया है और आज सत्ता, ख़ासतौर से सत्ता की राजनीति के बारे में अन्तर्दृष्टि गहरी हो गई है।

अतीत के अधिकतर राजनैतिक शास्त्रों ने अपने-अपने आदर्शलोक के भविष्यात्मक नक्शे बना लिए थे। भविष्यकाल के काल्पनिक नक्शे बनाने का अर्थ यह है कि जनता यानी हर नागरिक अपने आपको उन नक्शों के हिसाब से

गढ़ ले। शिक्षाशास्त्रियों ने ऐसी योजनाएँ बनाईं जिनमें हर स्त्री और पुरुष उस आदर्श समाज का अंग बनने के लिए तैयार हो जाएँ। टॉल्सटाय ने *जन प्रिय शिक्षा* में लिखा था, ''सभी प्लेटो से लेकर कान्ट तक ने...कहा कि मनुष्यों को जो चाहिए, उसकी वे कल्पना करते हैं। आवश्यकताएँ कम या अधिक दिव्य होती हैं और उन्हीं के आधार पर वे अपनी नई पाठशालाएँ बनाते हैं।''[2] इस प्रकार का ढाँचा केवल सत्तावादी ही बना सकता है और वह भी ऐसा कि जिसमें आपसी सम्बन्ध, शक्ति का विकास और सैनिकवाद सदा के लिए बढ़ता रहे।

इस दृष्टिकोण को बदलने के लिए ज़ोर ऊपर से न डालकर नीचे से डालना चाहिए। जनता को अपने आपको इस प्रकार शिक्षित करना होगा जिससे कि उसका साहस और उसकी क्षमता ऐसे विकसित हो कि वह अपने जीवन के प्रति स्वयं दायित्व का विकास करे। वे अपने जीवन की ज़िम्मेदारी व्यक्तिगत और सामूहिक तौर पर उठाएँ। बेशक इसके लिए उन्हें ऊपर से मार्गदर्शन या हस्तक्षेप लेना पड़े। दूसरे शब्दों में कहें तो आज के 'पिरामिड' को चपटा बना देना होगा। गांधीजी ने इसे ही सच्चा स्वराज्य कहा था।

स्वराज्य से गांधीजी का मतलब केवल विदेशी राज्य की समाप्ति से नहीं था। उनका अर्थ था कि समाज का ढाँचा ऐसा हो जिसमें जनता व्यक्तिगत और सामूहिक रूप से अपनी शक्ति को पहचाने और उसका उपयोग करे। वह सोचे कि वह सरकार से बिलकुल मुक्त है...। और अपनी ज़िम्मेदारी और अधिकारों के प्रति हरदम सचेत है। ''स्वराज्य का अर्थ यह नहीं कि जनता के कुछ नुमाइन्दों को अधिकार मिल जाएँ, चाहे वे नुमाइन्दे कितने ही ईमानदार और वफादार क्यों न हों। स्वराज्य का अर्थ तो यह है कि जनता के पास वह शक्ति हो जिसके द्वारा वह उस अधिकार का मुकाबला कर सके जिसका उपयोग ग़लत किया जा रहा हो।''[3] यह उस सत्य और विकास का निर्माण है जो व्यक्ति को आत्मविश्वास प्रदान करे। यह गुण आज के समाज में पूरा-पूरा समाप्त कर दिया गया है।

समाज में व्यक्ति की शिक्षा

आज की संस्थाएँ और उनसे लाभ उठानेवाले हमारी शिक्षा-व्यवस्था और जनता को बन्धन में जकड़ते हैं और इसीलिए उसे अनिवार्य बनाते हैं। वे भौतिकवादी हैं, प्रतियोगिता और दिखावे से भरे हुए। वे जनता को आज्ञाकारी और सिर झुका देनेवाला बनना सिखाते हैं। थियोडोर रोज़ाक ने लिखा है, ''यही कारण है कि

पाठशालाएँ अपने उतावलेपन के कारण राज्य के सैनिकवादी रूढ़िवाद के साथ सहयोग करने पर ज़ोर देती हैं, वे शिक्षा को विकृत बनाकर उसका मतारोपण कर देती हैं। इसी कारण आज की शिक्षा में इतना असाध्य दोष भर गया है। सिद्धान्तवाद का दबाव, सही उत्तर देने में तानाशाही और शिक्षा की पद्धतियों इत्यादि पर ज़ोर देता है। प्रतियोगिताओं का आकर्षण, अनुशासन, ऊँचे-ऊँचे पदक पाने का आकर्षण इत्यादि का मानसिक दबाव बच्चों पर भयानक होता है।''[4] बालक अवस्था में रवीन्द्रनाथ ठाकुर पाठशालाओं से घृणा करते थे। पाठशाला के कमरे के बारे में उन्होंने कहा, ''पाठशाला का कमरा भयानक रूखा था, जिसकी दीवारें पुलिस के सिपाही जैसी होती हैं। कमरा मनुष्यों के रहने वाला नहीं बल्कि घोंसले के डब्बे की तरह था। कमरे में न तो सजावट थी, न ही दीवारों पर चित्र या रंग का कोई धब्बा; सब ऐसा जो बालक के हृदय को स्पर्श तक न करे। यह दृष्टि कि बच्चों को वह पसन्द होगा या नहीं; इसके बारे में पूरी उपेक्षा थी। स्वाभाविक ही बच्चे का व्यक्तित्व दरवाज़े में प्रवेश करते ही बिछुड़कर किसी और स्थान पर चला जाता था। और उसमें कामचोरी प्रवेश कर जाती थी।''[5] फिर एक बार रवीन्द्रनाथ ठाकुर ने लिखा, ''कुछ लोग पुस्तक पढ़ने के जगत में पिट-पिटकर ऐसे बन जाते हैं जिन्हें बाज़ार में अच्छे ठप्पेवाली वस्तु माना जाता है।''[6] हालाँकि रवीन्द्रनाथ ने यह बात तीन चौथाई शताब्दी पहले कही थी, वह आज की शिक्षा के बारे में उतनी ही लागू होती है। आरम्भ से ही बच्चों के दिमाग़ में जानकारी ठूँस-ठूँसकर भरी जाती है, तो भी सच यह है कि वे जीवन की सच्चाई से बिलकुल अलग कर दिए जाते हैं।

कुछ समय पहले हारवर्ड मेडिकल स्कूल के प्रोफेसर पीटर एच. वूल्फ ने मुझे बताया था कि हारवर्ड के शिक्षा विभाग से कुछ विद्यार्थी सीधा अनुभव लेने के लिए एक हाई स्कूल में गए थे–ख़ासतौर पर जब उनका स्कूल से कोई सम्बन्ध नहीं था। पीटर वूल्फ ने कहा–''हर स्नातक अपने साथ एक विद्यार्थी को ले गया था; उनमें से हरेक ने अपने-अपने अनुभव के आधार पर कहा कि उन्हें कितना झटका लगा, यह देखकर कि स्कूल के छह घंटे कितने उबानेवाले थे; शिक्षक क्लास में नियमितता रखने के लिए ही इतना समय लगाते थे कि पाठ्यक्रम को छूना भी उनके लिए कठिन था। उन्हें इतना समय भी नहीं था कि जान सकें कि विद्यार्थी किस प्रकार का चिन्तन कर रहे हैं। दिन के काम के ख़त्म होने तक शिक्षक और विद्यार्थी टालते रहे कि उनके बीच कोई समस्या न खड़ी हो जाए। दिन उसी में बीत गया।''

अगर शिक्षा का उद्‌देश्य स्वराज्य प्राप्ति के लिए जनता को तैयार करना है

तो हमें उसका रास्ता बिलकुल अलग ढंग का बनाना होगा। अनुशासन और आज्ञाकारिता दिखाने के बदले शिक्षा का उद्देश्य तो यह होना चाहिए कि व्यक्ति की मानसिक और नैतिक शक्ति बढ़े और वह अपनी स्वतन्त्रप्रियता और बुद्धि का ऐसा विकास कर सके कि जिसके द्वारा उसके पास वह औज़ार और हिम्मत आए जो समाज में असत्य और सामाजिक अन्याय का मुकाबला कर सके। अधिकतर बच्चों में स्कूल में भर्ती होने से पहले यह इच्छा प्राकृतिक होती है कि उनका मानसिक विकास इतना हो जाए कि वे सवाल पूछ सकें और उनके ऐसे उत्तर ढूँढ़ सकें जो उन्हें सन्तुष्ट करें। आज की शिक्षा-पद्धति में बच्चे की 'सत्य की खोज' करने की इच्छा चली जाती है।

गांधीजी विश्वास करते थे कि "अहिंसक प्रतिरोध सबसे महान और उच्चतम शिक्षा है। यह बच्चे को पढ़ना-लिखना सिखाने के बाद में नहीं बल्कि उससे पहले ही आनी चाहिए। यह मानना पड़ेगा कि बच्चा लिखना-पढ़ना सीखने के पहले ही दुनियादारी से परिचित हो जाता है, उसे दुनिया के बारे में ज्ञान होना शुरू हो जाता है। उसे यह जानना चाहिए कि सत्य क्या है, प्रेम क्या है, आत्मा और आत्मा की शक्ति क्या होती है। सच्ची शिक्षा का उद्देश्य है कि बच्चा यह सीखे कि जीवन से मुकाबला कैसे किया जाता है और वह घृणा और असत्य को सत्य के द्वारा जीते और यह समझे कि हिंसा का मुकाबला आत्मत्याग से किया जा सकता है।"[7] गांधीजी ने अपने जीवन काल के अन्तिम पर्व में शिक्षा पर अधिकतम ज़ोर दिया था। नई तालीम की आत्मा और उसके कार्यक्रम का उद्देश्य ही था कि वह सत्याग्रह की शिक्षा होनी चाहिए।

सत्याग्रह के दो पहलू होते हैं : एक तो सत्य की खोज और सत्य पर आधारित रचनात्मक प्रकृति के जीवनयापन की खोज और दूसरा असत्य, सामाजिक अन्याय, जाति भेद और शोषण का विरोध। अहिंसक जीवन-पद्धति जीवन की असलियत के आधार पर सामाजिक परिवर्तन और सामाजिक विकास की तरफ जाएगी। महात्मा गांधीजी की पुस्तक *बेसिक एजुकेशन* के सम्पादक की हैसियत से भारतन कुमारप्पा ने लिखा है "...व्यक्ति की सच्ची शिक्षा जो उसकी शक्तियों का सम्पूर्ण विकास करती है, केवल कर्म के द्वारा ही सफल हो सकती है। अगर जीवन-चिंतन मनुष्य को कर्म की ओर ले जाता है, जो सभी क्रान्तिकारी मनोवैज्ञानिक कहते हैं, तो गांधीजी की शिक्षा-योजना भी इसी तथ्य पर आधारित है कि ज्ञान और समझ मनुष्य में उसकी कर्मठता की समस्याओं से जुड़ी हुई है।"[8] जीवन पाठ्य-पुस्तकों के बदले स्वयं में ही शिक्षा का केन्द्र बन जाता है इसलिए 'जीवन के लिए शिक्षा' का उद्देश्य हो जाता है

‘जीवन के द्वारा शिक्षा’।

जीवनयापन के तीन स्तर होते हैं और उन तीनों में आपसी संतुलन होना आवश्यक है। ये तीन स्तर हैं–

1. व्यक्ति-शरीर और बुद्धि का एकीकरण के आधार पर विकास;
2. व्यक्ति का सामाजिक आधार–सामाजिक, सांस्कृतिक और राजनैतिक;
3. मानव परिवार प्रकृति का एक अंग।

उपरोक्त तीनों स्तर एक-दूसरे से अलग नहीं किए जा सकते। उदाहरणार्थ–व्यक्ति का विकास सामाजिक स्थिति और प्रकृति से अलग नहीं किया जा सकता। इसी प्रकार सामाजिक जीवन में आनन्द और शोषण से मुक्ति तभी होगी जब व्यक्ति की अन्तरात्मा और ज़रूरी साहस और सुयोग जुटानेवाली शक्ति प्रस्फुटित होगी और मानव समाज और प्रकृति में अनुरूपता होगी।

समाज में व्यक्ति का स्थान

जो पाठशाला गांधीजी के आश्रम सेवाग्राम में सन् 1940 से 1950 वें दशक तक चल रही थी वह एक ‘आदर्श’ पाठशाला तो नहीं थी किन्तु उसमें सामाजिक विकास और राजनैतिक चेतना के सिलसिले में किए गए प्रयोग काफ़ी उपयोगी सिद्ध हुए। उनकी योजना स्वराज्य के आधार पर थी। उस शिक्षा का एक उद्देश्य था कि समाज स्वावलम्बी, भेदभाव रहित और समतावादी बने। हर विद्यार्थी और शिक्षक का एक-एक वोट होता था। समाज की सभी ज़िम्मेदारियाँ शिक्षक और विद्यार्थी मिलकर उठाते थे। पाठशाला की आम सभा क़ानून भी बनाती थी। अगर कोई क़ानून अनुचित दिखे तो उसे समाप्त कर देती थी। इस प्रयोग का सबसे बड़ा लाभ यह हुआ कि समाज का हर सदस्य, बच्चा हो या सयाना, समाजवाद की समस्या को आपसी चर्चा के द्वारा सुलझाता था और निडरता, क्षमा और सहकार का अनुभव करता था।

समाज और प्रकृति

दशकों पहले रवीन्द्रनाथ ठाकुर ने कहा था कि शिक्षा-व्यवस्था की सबसे बड़ी कमी यह है कि वह मानव और प्रकृति के बीच बहुत बड़ा फ़ासला बना रही है। उनकी दृष्टि बुनियादी तौर पर आध्यात्मिक और सौन्दर्यबोध वाली थी। गांधीजी ने वही रास्ता पकड़ा और उसमें आर्थिक दृष्टि भी जोड़ दी। अहिंसक

समाज का शिक्षा के क्षेत्र में मानव समाज और प्रकृति का आपसी सम्बन्ध ऐसा होगा, जो दो सहकारी दलों के बीच होता है, ऐसा नहीं जो आज हो रहा है। आज, स्कूल और औद्योगिकवाद के बीच एक दल दूसरे की कुशलता का शोषण करने का हो रहा है। आज विज्ञान पर यथेष्ट साहित्य उपलब्ध है, जो यह समझाता है कि इस स्थिति का परिवर्तन कैसे किया जाए।

अगर शिक्षा पाने का अर्थ यह है कि मनुष्य के व्यक्तित्व का सम्पूर्ण विकास हो, मानवीय अधिकारों और उसकी बुनियादी स्वतन्त्रता की इज़्ज़त की जाए, तो यह समझना अत्यन्त आवश्यक है कि वह आज के चालू तरीकों से नहीं पाया जा सकता है। ज्याँ पियाज़े ने यह तथ्य छोटे से वाक्य में रखा है। उन्होंने कहा कि अहिंसक समाज का निर्माण, तब तक नहीं होगा जब तक इनसान को स्वतन्त्रता और खोज करने की वृत्ति नहीं मिलेगी। यह विश्वास कि मनुष्य अपने किए पापों के दुख से तब तक बँधा रहेगा, जब तक वह उसका प्रायश्चित और दुख नहीं भुगत लेता है। यह मानना उचित नहीं है कि मनुष्य अपने मूल पाप (ओरिजिनल सिन) के प्रति सचेतता से अपने को मुक्त करने के लिए स्वैच्छिक दुख सहन करे और उसके लिए प्रायश्चित करे, जिससे कि वह अपनी मूल निष्कपटता को फिर से पा सके। वह दृष्टि मनुष्य को न तो आत्मनियंत्रक बना सकती है और न ही उसे जन्मजात विश्वास और भलमनसाहत दे सकती है। कुछ लोग यह विश्वास करते हैं कि क्योंकि व्यक्ति का एक हिस्सा पशु होता है इसलिए उसके लिए कुछ ऐसे रास्ते होने चाहिए जिनके द्वारा मनुष्य की उस आक्रामक वृत्ति का विकास हो जाए और वह पशुवाले भाग से मुक्त हो जाए।

उपरोक्त दोनों वृत्तियाँ, मनुष्य की मानवीय शक्ति की उस कमी को दर्शाती हैं और अन्याय और सत्ताधारिता का विरोध नहीं करती हैं। मनुष्य में वह शक्ति अपूर्व मात्रा में है जिसके आधार पर वह बुद्धिमत्ता के साथ चिंतन कर सके। उसके पास वह प्रतिभा है जो अपने से प्रश्न कर सकती है और उन प्रश्नों का उत्तर भी ढूँढ़ सकती है। एक अहिंसात्मक समाज तभी बन सकेगा जब मनुष्य की यह शक्ति ऐसे खिल उठेगी कि जिसके आधार पर वह सत्ता से मुक्त हो जाएगा और तथाकथित नैतिकता के जाल से छुटकारा पा लेगा।

सन्दर्भ

1. *न्यू टैस्टामेंट।*

2. लियो टॉल्सटॉय।
3. एम.के. गांधी, *हिन्द स्वराज।*
4. थियोडोर रोज़ाक, *द मेकिंग ऑफ काउन्टरकल्चर,* एँकर बुक्स, रेंडम हाउस पब्लिकेशंस, न्यूयार्क 1969।
5. रवीन्द्रनाथ टैगोर, *माई स्कूल* 1961।
6. वही।
7. एम.के. गांधी *बेसिक ऐजूकेशन* 1951।
8. वही।

मानवीय अधिकारों और सामाजिक उत्तरदायित्व के लिए शिक्षा

मनुष्य में परिवर्तन

एनसाइक्लोपीडिया ब्रिटेनिका के अनुसार प्रौढ़-शिक्षा का अर्थ वह शिक्षा होता है जो सयाने स्त्री-पुरुषों को दी जाती है। स्वाभाविक ही है कि इस परिभाषा के कई अर्थ लगाए जा सकते हैं और लगाए भी जाते हैं। ये सब अर्थ इस तथ्य पर आधारित हैं कि हमारा समाज शिक्षा और सामाजिक मूल्यों की व्याख्या क्या और कैसे करता है। इसके अलावा यह भी आवश्यक है कि हम यह जानें कि आखिर 'शिक्षा' का अर्थ और उसका उद्देश्य क्या है। आखिर इसकी आवश्यकता है क्या! क्या दूसरे प्राणियों में ऐसा कुछ है जिसे 'शिक्षा' कहा जा सकता है? अगर कुछ ऐसा है तो उन सिद्धान्तों में और जिन्हें हम शिक्षा कहते हैं, क्या भेद है?

गुरुदेव रवीन्द्रनाथ की एक कविता में इन प्रश्नों का उत्तर मिलता है। यह उनकी एक कविता संग्रह–*बलाका* की अट्ठाइसवीं कविता है। कवि भगवान को सम्बोधित करते हुए कहते हैं, "तुमने पक्षी को गाना सिखाया है जो वह गाता है। इसके अलावा वह और कुछ नहीं देता। तुमने मुझे केवल कंठ और स्वर दिया है, मैं उससे कहीं अधिक देता हूँ, मैं गाता हूँ। तुमने हवा को स्वतन्त्रता दी है और उसके साथ कोई बाधा नहीं जोड़ी है। मेरे कन्धों पर तुमने कितने भार डाले हैं; जिनके कारण मैं लड़खड़ाता हूँ, रुकते-रुकते चलता हूँ और उस भार को एक-एक करके हटाता जाता हूँ। आखिर मैं तुम्हारे चरणों तक पहुँच जाता हूँ। सारे भार को मुक्ति में मिलाकर तुम तक आ जाता हूँ। तुमने पूर्णिमा के चाँद को इतनी मुसकराहट और सम्पत्ति दी है जो वह धरती पर बिखेरता रहता है। मुझे तुमने बहुत पीड़ाएँ और क्लेश दिए हैं। किन्तु मैं हमारी मिलन की रात को उन सबको अपने आँसुओं से धोकर आनन्द में परिवर्तित करके तुम्हारे पास आ जाता हूँ।"[1]

कवि शिकायत करते हैं कि, "सभी को तुम देते हो लेकिन केवल मुझसे तुम अपेक्षा करते हो।" कविता की आखिरी पाँच पंक्तियों में अपना हृदय खोलकर कहते हैं, "मैं जो कुछ भी तुम्हें सप्रेम दे पाता हूँ, अपने सिंहासन से उतरकर मेरे पास आते हो और उसे लेकर मुसकराते हुए अपनी गोद में रख लेते हो।" अत्यन्त गर्व की भावना के साथ कवि कहते हैं—"तुमने मुझे जितना दिया था, उससे कहीं अधिक तुम्हारे अपने हाथों में तुम पाते हो।"[2]

कवि का उपरोक्त कथन मानव और प्रकृति की अन्य शक्तियों में केवल भेद ही नहीं दिखाता बल्कि वह मानव की आकांक्षाओं और प्रयत्नों को भी दर्शाता है। कविता में एक और संकेत दिया गया है कि मनुष्य को एक और शक्ति का वरदान मिला है। उसे वह शक्ति मिली है जो उसे आदर्श जीवन की ओर जाने की सम्भावना देती है। हम इस संसार में राग-रागिनियों का ज्ञान लेकर नहीं आते हैं, किन्तु हमें ऐसा कण्ठ मिला है जो तरह-तरह की आवाज़ें बना सकता है। हमें वह संवेदना, शीलता और क्षमता भी मिली है जो अलग-अलग आवाज़ों और उनके मिलन की शक्ति और उनके सम्मिश्रण को भी पहचान सके। हमें वह बोध मिला है जो अलग-अलग आवाज़ों के साथ अपनी भावनाओं और मानसिक शक्तियों में सम्बन्ध स्थापित कर सके।

इसी प्रकार हम, अपनी भावनाओं को भी वश में रख सकते हैं, सत्य व असत्य का भेद, उचित व अनुचित की पहचान, अश्लील और दिव्य, साधारण और महान के बीच के भेद को पहचान सकें। जबकि कविता में कहा गया है कि चिड़िया, हवा और चाँदनी के पास कुछ चुनने को है ही नहीं, मानव के पास चुनाव की अगाध सम्भावनाएँ हैं। ये शक्तियाँ काफ़ी हद तक विरोधात्मक हो सकती हैं; इसलिए हमें पहचानना होता है कि हम किन आकांक्षाओं को अपनाएँ और किनको अस्वीकार करें?

अच्छी शिक्षा मुक्तिदायिनी है

एक पारम्परिक दृष्टि यह है कि मनुष्य एक तरफ तो देवता होता है और दूसरी तरफ पशु। उसे अकसर इन विरोधात्मक दृष्टियों में से एक का चुनाव करना पड़ता है। उसके कुछ रुझान अतार्किक पक्ष में जड़ जमाए होते हैं जो तर्क से अधिक सशक्त होता है। किन्तु चुनाव वही ठीक होगा जिसमें अच्छे और बुरे का भेद हो और उसका नतीजा उचित हो और यह तथ्य भी आवश्यक है कि इस

सत्य की केवल ऊपरी जानकारी मात्र नहीं बल्कि उसके साथ उस पर कदम भी उठाने की वृत्ति हो।

दुर्भाग्यवश हमारी आज की शिक्षा पुरानी शिक्षा की तरह उचित निर्णय लेना नहीं सिखाती है। हम एक नज़र डालें कि हमारी संस्कृति में 'शिक्षा' की क्या परिभाषा की गई है। एक प्राचीन कहावत के हिसाब से "जो शिक्षा विद्यार्थी में मानवता का विकास नहीं करती है वह उस माँ की तरह है जिसके स्तन में दूध के बदले जहर भरा रहता है।" हम कुछ साथियों के साथ मिलते समय विनोबा जी ने कहा था कि तुम्हें अपने आपको शिक्षित तभी समझना चाहिए जब दूसरों की सेवा करते समय ऐसा महसूस करो कि वह तुम्हारे व्यक्तित्व का एक अटूट अंग है या फिर यह कहना चाहिए कि सच्ची शिक्षा तो वह है जो मनुष्य को सब शारीरिक और मानसिक बन्धनों से मुक्त कराए। गांधीजी ने लिखा है कि सच्ची शिक्षा विद्यार्थी में आर्थिक, सामाजिक और आध्यात्मिक स्वतन्त्रता का आन्तरिक विश्वास पैदा करती है। ऋषि शंकराचार्य ने जनता की शिक्षा की व्याख्या की है; "सच्ची शिक्षा मनुष्य की उस वृत्ति का निराकरण है जो उसे अनिष्ट और अशुभ की ओर झुकाती है।" यह भी कहा गया है कि शिक्षा का सच्चा उद्देश्य वह है जो मनुष्य को 'सत्य और एकता' की ओर ले जाए।

उपरोक्त सभी व्याख्याओं, उद्देश्यों में साक्षरता या दुनिया की भौतिक जानकारी का दिमाग़ी संग्रह करना किसी भी महान शिक्षा के सिद्धान्तों में या शिक्षाविदों के द्वारा शिक्षा का मुख्य उद्देश्य नहीं माना गया है। तो भी आज के अधिकतर शिक्षाविदों का मुख्य ज़ोर केवल इन्हीं शक्तियों पर होता है। उसी पर ये अपनी शारीरिक और मानसिक पूँजी लगाते हैं। यह फल के उस गूदे की तरह है जिसका सारा रस निचोड़ दिया होता है।

सत्य के एकत्व के विषय में रवीन्द्रनाथ ठाकुर ने कहा था कि "पहले जब जीवन सादा था तब मनुष्य के सारे तत्त्व पूरे-पूरे समरस थे, सभी में एकता थी। उसके बाद आया बुद्धि, शरीर और अध्यात्म का विभाजन। पाठशालाओं की शिक्षा-व्यवस्था ने अपना सारा ज़ोर मनुष्य की बुद्धि और शारीरिक शक्ति पर डाला। हम अपना सारा ध्यान बच्चों को दुनिया की जानकारी देने के पीछे लगे हैं। हमें यह नहीं सूझता कि इस दृष्टि के द्वारा हम बौद्धिक, शारीरिक और आध्यात्मिक जीवन की भीतरी एकता को नष्ट कर रहे हैं।" आध्यात्मिक जगत में कोई ऐसी बात नहीं है जो इस जगत से अलग हो। पदार्थ और शारीरिक शक्ति हमारे लिए तब तक कोई अर्थ नहीं रखते जब तक वे उस तथ्य से सम्बन्ध नहीं जोड़ते जो हमारा अपना है, हमारे व्यक्तित्व के साथ जुड़ा है जो मानवीय प्रेम है,

जो केवल भला चाहता है और जो प्रकृति के सौन्दर्य का बखान तक नहीं कर सकता।

विडंबना तो यह है कि अधिकतर जाने-माने विद्याविद् जो समाज पर प्रभाव डाल सकते हैं, इस प्रकार की शिक्षा के उद्देश्यों को ऐसे ही उड़ा देते हैं। यहाँ तक कि वे अपनी नीति की तारीफ में अपने आदर्शों का और भौतिक विकास के सिलसिले में अपनी व्याख्याओं का बखान करते रहते हैं। यह हाल तो तब है जब महात्मा गांधी और रवीन्द्रनाथ ठाकुर ने असली सत्य को प्रत्यक्ष रूप में दिखा दिया था। बच्चों, पुरुषों और स्त्रियों को अच्छी शिक्षा देना हमारे लिए नैतिक और भौतिक रूप से सम्भव है। तथ्य असल में यह है कि यह सब तभी सम्भव है जब हम अपनी दृष्टि और वृत्ति के साथ-साथ अपने विकास और जीवन शैली को भी बदलेंगे।

प्रौढ़ शिक्षा की ज़िम्मेदारी मानव अधिकारों के लिए हो

मेरे लिए 'शिक्षा' और 'प्रौढ़ शिक्षा' में भेद करना कुछ कठिन-सा है। वे सिद्धान्त जो बालकों की शिक्षा पर लागू होते हैं, वही प्रौढ़ों की शिक्षा पर भी लागू होते हैं। कॉलेज, विश्वविद्यालय की शिक्षा में और प्रौढ़ शिक्षा में आखिर क्या भेद है? क्या वह सयाना जिसे प्रौढ़ शिक्षा मिलती है, उस सयाने से बुनियादी तौर पर अलग है जो कॉलेज में जाता है? भेद क्या इसलिए है कि वह सयाना लिखना-पढ़ना नहीं जानता? अगर वही आदर्श है तो कहीं न कहीं उसमें त्रुटि है। क्या यह सच नहीं है कि हमारे समाज में बहुत ऐसे स्त्री-पुरुष हैं जो लिख-पढ़ नहीं सकते किन्तु अच्छी बुद्धिवाले हैं।

सन् 1909 में ही गांधीजी ने अपनी पुस्तक *हिन्द स्वराज* में उन लोगों को सचेत किया था जो साक्षरता को ही प्रौढ़ शिक्षा का एकमात्र उद्देश्य मानते हैं। "एक किसान अपनी रोटी ईमानदारी के साथ कमाता है। उसके पास जगत की सामान्य जानकारी होती है। वह यह अच्छी तरह जानता है कि उसे अपने माता-पिता, पति-पत्नी, बच्चों और पड़ोसियों के साथ कैसा बरताव करना चाहिए। वह सदाचार के नियम अच्छी तरह जानता है और उनका पालन भी करता है। लेकिन वह अपना नाम नहीं लिख सकता। आप उसे अक्षरों का ज्ञान किसलिए देना चाहते हैं? क्या आप उसके सुख में एक बूँद भी जोड़ सकते हैं?"[3] गांधीजी के लिए लिखना, पढ़ना, सीखना प्रौढ़ शिक्षा नहीं थी। दुर्भाग्यवश अभी भी अक्षरज्ञान ही सरकारी प्रौढ़ शिक्षा का एकमात्र उद्देश्य रहा है।

इसके बावजूद, साक्षरता पर इतना ज़ोर दिए जाने के बारे में, मेरे मन में प्रश्न उठता है कि उसमें से कितने प्रतिशत ऐसे व्यक्ति होंगे जिन्होंने 'प्रौढ़ शिक्षा' की क्लास ली होगी और जो अपनी मेहनत से अपने परिवार और मित्रों को पत्र लिखते होंगे, जो अपना घरेलू हिसाब-किताब खुद लिखते होंगे और जो स्वयं रामायण या कुरान शरीफ और अखबार पढ़ते होंगे? इस क्षेत्र में काम करनेवालों के दिए आँकड़ों से पता चलता है कि जिन्हें अपना नाम और हस्ताक्षर लिखना सिखाया गया है, उनमें से अनेक मुश्किल से ही लिख सकते हैं। क्या किसी हालत में भी उसे साक्षरता कहा जा सकता है? प्रौढ़ शिक्षा की बात तो दूर रही। अनुभव तो यह बताता है कि लिखना, पढ़ना सीखने की इच्छा रखने के बावजूद बहुत कम ही इसमें सफल होते हैं। वह निपुणता उनके जीवन में कुछ सफलता और स्वतन्त्रता का बोध नहीं देती। यह भी सच है कि जब तक ऐसी निपुणताएँ जीवन में स्वतन्त्रता का बोध नहीं करातीं तब तक वे कारगर नहीं होंगी और न ही अधिकतर प्रौढ़ जनता उन्हें स्वीकार करेगी। एक बड़ी आवश्यकता यह है कि ऐसे साधन चुने जाने चाहिए जो उनकी अपनी सभ्यता पर लागू होते हों और जो उनके लिए उपलब्ध हों।

अगर उपरोक्त आवश्यकताओं में सफलता मिल भी जाए, तब भी ये प्रौढ़ शिक्षा का एक अंग ही होंगे। जब गांधीजी ने कहा था कि गरीब के लिए तो भोजन मिलना ही भगवान का दर्शन होता है। उनका उद्देश्य था कि खाना भगवान तक पहुँचने का रास्ता है, वह स्वयं भगवान नहीं है। उनके लिए तो सच्चा उद्देश्य था भगवान को पाना या वह, जो उस इनसान का मुख्य उद्देश्य हो, यात्रा केवल भोजन मिल जाने से पूरी नहीं होती। उसका उद्देश्य तो समाज की सम्पूर्ण जिन्दगी का सुधार करना है। यह समाज के जीवन या कहें कि राष्ट्र के जीवन का सांस्कृतिक विकास करता है। यह समाज के सब सदस्यों की आत्मिक शक्ति बढ़ाता है। सुधार सामाजिक विचारों और कार्यप्रणाली को शक्तिशाली बनाता है।

सब मनुष्यों के मूल अधिकारों का सम्मान करना

मूल अधिकार समाज को बन्धुत्व और रचनात्मकता से परिपूर्ण बनानेवाले तत्त्व हैं। अपनी ज़िम्मेदारी का अहसास करना और सारे इनसानों की बुनियादी अधिकारों की इज्ज़त करना ही व्यक्ति का धर्म होना चाहिए। इन दोनों तत्त्वों में आपसी घना सम्बन्ध है। एक व्यक्ति, 'क' को चिन्तन करने की स्वतन्त्रता है, अपनी अन्तरआत्मा और धर्म पर पूरा अधिकार है। कोई दूसरा उसके, 'क' को,

उसके अपने अधिकार से वंचित नहीं कर सकता। चाहे वह उनकी अपनी व्यक्तिगत दृष्टि से कैसी भी व्याख्या करे। अतः 'क' के ऊपर यह भी ज़िम्मेदारी है कि वह किसी दूसरे की, 'ख' की वैसी स्वतन्त्रता का खंडन न करे, चाहे 'ख' पड़ोसी हो या किसी और क्षेत्र में रहनेवाला हो। इसका अर्थ यह है कि किसी स्वस्थ्य समाज में अधिकार और ज़िम्मेदारियाँ एक-दूसरे में समाई हुई होती हैं। किसी एक की स्वतन्त्रता असली स्वतन्त्रता नहीं हो सकती जब तक दूसरे भी उतने ही स्वतन्त्र न हों। मनुष्य को जब तक यह बोध नहीं होता है, तब तक उसमें नम्रता और विवेक की वृत्ति नहीं पनप सकती। मेरा तो यह विश्वास है कि इसी तथ्य के कारण गांधीजी और अनेक बुद्धिमान व्यक्तियों ने बुनियादी अधिकारों के बारे में उतना कुछ नहीं कहा है जितना कि मनुष्य की व्यक्तिगत ज़िम्मेदारी के ऊपर कहा है। इसी कारण ऐसा महसूस होता है कि अगर हम मनुष्य अपनी ज़िम्मेदारी अच्छी तरह निभाएँ तो यह दुनिया उसके रहने के लिए कहीं अधिक अच्छी बन जाएगी।

सच में, यह तब कुछ अच्छा था जब दुनिया के अधिकतर समाज अपने में स्वयं पूर्ण और स्वयं सन्तुष्टि के साथ जीवन बिताते थे, जब व्यवहार करने के नियम सख्ती के साथ लागू होते थे, जब उनका पालन करने के लिए परम्परा और पादरी-पुरोहितों की नज़र हमेशा सतर्क रहती थी। अब जबकि वह पुराना सब कुछ भुला दिया गया है और नई सामाजिक परम्पराएँ अभी तक बन नहीं पाई हैं, तब चिन्तन और कार्यक्रम में यहाँ तक कि अपेक्षाओं में भी आवश्यकता ने मनुष्य के व्यक्तिगत और सामाजिक जीवन में तोड़फोड़ मचाई हुई है। अधिकतर विषयों के बारे में एकमत होना कठिन हो गया है। एक उदाहरण देता हूँ चाहे इस बात को यहाँ इस प्रकार से कहना ठीक नहीं होगा तो भी वह प्रौढ़ शिक्षा के बारे में तो लागू होगा ही। एक नागरिक का सबसे बड़ा गुण देशभक्ति माना जाता है। अधिकतर राष्ट्रीय संविधानों में एक-दो ऐसे नियम हैं जिनमें माना गया है कि अपनी मातृभूमि की रक्षा करना हर नागरिक का कर्त्तव्य है। राष्ट्र की दृष्टि से माना गया है कि अगर कोई नागरिक देश के संवैधानिक हिसाब से उसका विरोध करे तो उसे सज़ा मिल सकती है। किसी ऐसे अपराध के लिए उसे मौत की सज़ा भी मिल सकती है।

संयुक्त राष्ट्र संघ की नियमावली का तीसरा नियम कहता है, "हरेक व्यक्ति को अपने जीने का, अपनी स्वतन्त्रता और आपसी सुरक्षा का पूरा अधिकार है।" कुछ धर्म तो अपने नियमों में मृत्यु न देने पर भी ज़ोर देते हैं। ईसाई धर्म के *सर्मन ऑन द माउंट* में आग्रह से कहा है, "तुम किसी को मृत्यु नहीं दोगे।" ऐसे धर्म

तो अपने सदस्यों को सैनिक बनने की इजाज़त भी नहीं देते हैं। इसे दूसरे ढंग से कहूँ तो शस्त्रों के उपयोग का अधिकार भी नहीं देते। कुछ धर्म कहते हैं कि–"हरेक को जीने का अधिकार होना चाहिए और किसी के जीवन लेने का नहीं"। वे मानव जीवन को परमपावन मानते हैं, जिसे किसी हालत में भी नष्ट नहीं करना चाहिए। इस विचारधारा को माननेवाले सेना में भर्ती नहीं होंगे, उन्हें देशद्रोही माना जाएगा और अगर किसी देश में अनिवार्य सेना में भर्ती होने का क़ानून है तो उन्हें सज़ा दी जाती है। हालाँकि संयुक्त राष्ट्र संघ की घोषणा अपने धार्मिक विश्वास को मानने की इजाज़त देती है; तो भी अनिवार्य सेना में भर्ती न होनेवाले को वे देश सज़ा देते हैं। आज जबकि "सारा जगत एक है" का नारा देने का विचार विश्वव्यापी हो गया है और राष्ट्रीयवाद की विचारधारा हलकी होती जा रही है, तो भी लोकतांत्रिक कहलाए जानेवाले राज्य भी उन लोगों को सज़ा देने में हिचकिचाते नहीं करते जो उनकी सैनिक ढंग की संस्थाओं, जिनमें मानव जीवन को मार डालने की नौबत तक भी आ जाती है, के नियम का उल्लंघन करते हैं।

जीने का अधिकार

ऐसे मौके पर आप क्या करेंगे अगर आपका बुनियादी अधिकार किसी दूसरे के बुनियादी अधिकार के विरुद्ध जाता दिखता हो? हमारे जीवन पर अधिकार केवल सैनिकवाद के चिन्तन से जुड़ा हुआ नहीं है। स्त्रियों, पुरुषों और बच्चों को बमबारी तोपों से मार डालना मानवीय अधिकारों के विरुद्ध है। किसी प्राकृतिक विपत्ति के कारण मृत्यु एक घटना है लेकिन उस शक्ति के द्वारा मारा जाना अलग बात है जिसे मनुष्य ने उसी के लिए बनाया है। इतनी बड़ी दुर्घटना प्राकृतिक नहीं होती है। यह तो मानव के स्वार्थ और उसकी लालचभरी दृष्टि के कारण है। यह समाज के ग़लत ढाँचे और ग़लत प्रशासन की योजना और सरकार की ग़लती के कारण होता है। अगर कोई राज्य ऐसा होने देता है तो उसको ज़िम्मेदारी माननी चाहिए।

मानव अधिकार की व्याख्या करते हुए कहा गया है–"परिवार का स्वास्थ्य अच्छा रखने के लिए हर इनसान का अधिकार है और उसको अपने परिवार के लिए खाना, कपड़े, मकान, अच्छे स्वास्थ्य के लिए दवादारू, समाजसेवा पाने का और करने का अधिकार है। बेकारी, बीमारी, दीर्घ आयु के समय देखभाल इत्यादि का अधिकार है। मातृत्व और बचपन का पूरा अधिकार है। विशेष देखभाल और सहायता पाने का अधिकार है। सभी बालकों को चाहे वे विवाहित माता-पिता से

जनमे हों या अविवाहित से, सामाजिक सुरक्षा का अधिकार है।" (विश्व घोषणा पत्र, नियम संख्या 25)

जब विश्व असेम्बली ने यह 'घोषणा पत्र' दुनिया के सामने पेश किया था उसके अट्ठावन सदस्य थे। भारत उनमें एक था। इस घोषणा पत्र को सर्वसम्मति से स्वीकार किया गया था। इसे सर्वसम्मति मिलने का यह अर्थ था कि सभी देश इस बात पर विश्वास करते हैं कि हर देश के नागरिकों के कुछ ऐसे अधिकार हैं जिनमें से एक को भी किसी देश में मना नहीं किया जा सकता है।

इस घोषणा पत्र के स्वीकृत होने के बाद जनरल असेम्बली ने इस घोषणा को पूर्ण रूप से जनता की जानकारी के लिए तुरन्त प्रकाशित किया था और हर देश के हर नागरिक के सामने सब तरह के माध्यमों से रखा था। ख़ासतौर पर हर पाठशाला, कॉलेज और सभी बालक-बालिकाओं को इसे उपलब्ध कराने का आग्रह किया था। इस घोषणा पत्र की जानकारी हर उम्र के इनसानों के पास रहे, यह उनका उद्देश्य था।

आज, मुझे हैरानी होगी अगर दस में से एक शिक्षक या स्कूल या कॉलेज भी इस 'घोषणा पत्र' की ठीक-ठीक जानकारी रखते होंगे। सामाजिक कार्य केन्द्रों और संस्थाओं में से कितने ऐसे होंगे जिनके कार्यकर्त्ता इस शिक्षा और सामाजिक कार्य को एक औज़ार की तरह मानते होंगे? इस सिलसिले में मैं यह कहना चाहूँगा कि इस 'घोषणा पत्र' को एक सर्वसम्मति से मानी गई 'नियमावली' ही नहीं बल्कि सर्वसम्मति वाला ऐलान माना जाना चाहिए; ऐसा ऐलान जो क़ानून के प्रति आदरणीय बरताव का आवश्यक भाग हो।

यह अवश्य ही मानव की दृष्टि और उसके सामाजिक जीवन में विश्वव्यापी वृत्ति का विकास करेगा।

जीवनभर के लिए शिक्षा जो सबका भला करे

इस प्रसंग में मैं ऐसा मुद्दा उठाना चाहता हूँ जो प्रौढ़ शिक्षा के विकास के प्रति हमारी दृष्टि की सहायता करेगा। शिक्षा चाहे बालकों के लिए हो, चाहे प्रौढ़ों के लिए, सारे जीवन के लिए आवश्यक है। हमें यह नहीं सोचना चाहिए कि प्रौढ़ शिक्षा एक अल्पकालिक क्रिया है। यह ऐसे स्कूल के जैसी नहीं है जिसमें बच्चे एक निश्चित काल के लिए आते हैं और निश्चित काल पूरे होने के उपरान्त वह समाप्त मान ली जाती है। यह तो एक आन्दोलन जैसा है। ऐसा समय कभी नहीं आएगा जब मानव समाज इसकी आवश्यकता को महसूस नहीं करेगा। यह तो

विकास का अटूट कार्यक्रम है।

आखिरी सवाल है उद्देश्य का। क्या हम हमेशा इस भौतिकवादी दौड़ में बँधे रहना चाहते हैं? इस दौड़ में एक तरफ अनगिनत गरीबी की भीड़ है और दूसरी तरफ अमीर लोगों की। एक तरफ वे हैं जो हर प्रकार की सुविधाओं का भोग कर सकते हैं और दूसरों के अधिकार छीन सकते हैं, दूसरी तरफ वे हैं जिनके पास अत्यन्त आवश्यक मानव अधिकार, जैसे भोजन, काम, सिर पर छत इत्यादि भी नहीं हैं; चाहे कारण कुछ भी हो। या फिर हम मानव के रास्ते में वह तब्दीली चाहते हैं जो ऐसी दुनिया बनाए जिसमें लोग अपना जीवन, अपनी सच्ची ज़िम्मेदारियों को निभाने और अपने अधिकारों के साथ जीने में लगे हों। प्रौढ़ शिक्षा असली अर्थों में वह है जो इस दिशा की ओर हमें ले जाए।

सन्दर्भ

1. रवीन्द्रनाथ टैगोर *बलाका,* विश्व भारती पब्लिकेशन्स, कलकत्ता।
2. वही।
3. एम.के. गांधी *हिन्द स्वराज,* नवजीवन पब्लिकेशन्स हाउस, अहमदाबाद।

समाज सृजनात्मक होगा तो ही वह शान्तिमय होगा

"जिस प्रकार की उदासीनता और विनाशक वृत्ति का रूप हम सारे संसार में अनुभव कर रहे हैं, उसका कारण ऐसा लगता है कि हमारी बढ़ती हुई विकृत बुद्धि स्वार्थमय वृत्ति होती जा रही है। जो आर्थिक और राजनैतिक कदम इसे सुधारने के लिए लिए जाते हैं, वे भी टिकते नहीं। परिवर्तन तो तभी टिकाऊ होगा जबकि वे कदम भौतिक सुख और स्वार्थभरी दृष्टि से मुक्त होंगे।"

"संगीत, साहित्य और कला उस प्रकार की दृष्टि देते हैं जो मानव को स्वस्थ छन्दमय और समरसता का भाव और अनुभव दे, जिससे 'एक और अनेक' के जीवन में समरसता हो। वही मनुष्य के जीवन के लिए प्रकृति की देन है।"[1]

—नन्दलाल बोस

अन्तःप्रेरित युद्धविरोधियों के अपने निर्णय

एक बार स्कैन्डिनेविया में भ्रमण के दौरान मेरी मुलाकात लगभग एक सौ अन्तःप्रेरित युद्धविरोधी नवयुवकों से उनकी एक बैठक में हिस्सा लेने के कारण हुई थी। उन्होंने अपने विरोध का ऐलान अपनी अन्तर्रात्मा की आवाज़ के आधार पर किया था कि वे सेना-सेवा के बदले जनसेवा करेंगे। उस साल स्वीडन में लगभग छह सौ युवकों ने इस प्रकार युद्ध का विरोध किया था। बैठक के अन्त में मैंने उस टोली से पूछा कि क्या वे जानते हैं कि उस वर्ष कितने ऐसे व्यक्ति होंगे जिन्हें अनिवार्य रूप से सेना-सेवा करनी होगी। जवाब में एक ने कहा 'बीस हज़ार से अधिक'। तब मैंने पूछा कि इसका कारण क्या है? बीस हज़ार में से केवल छह सौ ही ऐसे क्यों हैं जो अपनी अन्तर्आत्मा के हिसाब से युद्धविरोधी हैं। यह होते हुए भी कि स्वीडन में ऐसे युद्धविरोधियों के लिए इतना आसान है कि वे हर हफ्ते घर जा सकते हैं और उनके रिश्तेदार व गर्लफ्रेन्ड कभी भी उनसे मिलने आ सकते हैं।

इस प्रश्न का उत्तर बैठक समाप्त होने के बाद मिला। जब उनमें से दस-बारह युवकों ने सुझाया कि हम इस चर्चा को उनके साथ अलग बैठक करके चालू रखें।

कुछ शब्दों में कहूँ तो उस बैठक में एक ने कहा, "सत्य तो यह है कि वे सब अपना निर्णय स्वयं लेने से डरते हैं।" दूसरे नवयुवक ने कहा, "अधिकतर युवक मिलिट्री सेवा को नापसन्द करते हैं, तो भी वे 'कागज़' पर 'ना' कहने से घबराते हैं। फॉर्म इस प्रकार बनाया गया है कि सारे युवक उसे पढ़कर कुछ समय सोचने के बाद असमंजस में पड़ जाते हैं।"

जिन देशों में अनिवार्य सेना-सेवा है, उनमें बुलावा आने पर स्वयं ही उपस्थित होना पड़ता है। यह एक संवैधानिक आवश्यकता है जिसे टाला नहीं जा सकता। अगर कोई अनिवार्य सैनिक-सेवा के बदले दूसरी कुछ सेवा करना चाहे, तो उसे विशेष प्रकार का प्रार्थना पत्र प्रस्तुत करना होता है। अन्तःप्रेरित सेना-विरोधी स्थिति पाने के लिए प्रार्थना पत्र पेश करने के सिलसिले में इतनी कठोरता है कि अधिकतर युवक सेना में भर्ती होना ही स्वीकार कर लेते हैं। यह उन्हें ऐसा विचार करने के लिए प्रेरणा देता है कि "आखिर सेना-सेवा, ख़ासतौर पर शान्तिकाल में कुछ खराब चीज़ नहीं है, आखिर चार-छः महीने ही न! और वह भी परिवर्तक सेवा काल से तो कहीं छोटी। सारांश यह है कि एक परिस्थिति में तो निर्णय आपको स्वयं लेना पड़ता है और दूसरी में निर्णय आपके लिए लिया जाता है।

मैंने केवल एक ही अवस्था का ब्यौरा दिया है, अनिवार्य सैनिक-सेवा का, जो कुछ देशों में क़ानूनन करनी पड़ती है लेकिन लगभग सभी देशों में ऐसी परम्पराएँ, क़ानून और सामाजिक अनिवार्यताएँ हैं जो व्यक्ति को ऐसी शिक्षा और अवस्था में डाल देती हैं जो उसे अपना निर्णय लेने की परिस्थिति को असम्भव बना देती हैं। वह हर क्षण अपने निर्णय स्वयं लें, इस प्रश्न का उसके दिल में स्थान ही नहीं रहता। आधुनिक रहन-सहन का ढाँचा ऐसा नहीं रहा कि व्यक्ति अपने जीवन के प्रश्नों का हिम्मत के साथ सामना कर सके। जैसे कि वह युवक जिसे अनिवार्य सेना-सेवा के पत्र पर 'हाँ' या 'ना' लिखने का क्षण आए तब वह उसमें से एक का चुनाव करने की दुविधा से छुटकारा पाने के लिए स्वयं निर्णय ले सके। अधिकतर व्यक्ति यह नहीं जानते कि उन्हें क्या करने की इच्छा है और उसे वे करना ही चाहते हैं।

अपने आपको जानना सीखो

सातवीं शताब्दी के दार्शनिक अजीज़ डब्न मौहम्मद अल नसाफी की कही एक उपकथा है–"जब अली ने मौहम्मद से पूछा कि मैं ऐसा क्या करूँ जिससे मेरा समय नष्ट न हो?" पैगम्बर ने कहा, "अपने आपको जानना सीखो।" दुख की

बात तो यह है कि आधुनिक शिक्षा सारा समय विद्यार्थियों को विश्व के बारे में सिखाने, अन्तरिक्ष में कैसे जाएँ इत्यादि बताने में बिता देती है। किन्तु उस आत्मज्ञान की आवश्यकता पर ध्यान भी नहीं देती जो व्यक्ति की दुविधाओं को जीवन के हर क्षण और हर कदम पर सुलझाने का रास्ता है। स्वीडन के सेना-सेवक जो उसे बिलकुल नापसन्द करते हैं और कोई निश्चित कदम उठाने की हिम्मत नहीं करते हैं, वे 'अपने आप' को अनदेखा कर देते हैं। वे वस्तुनिष्ठ असलियत को नहीं समझते हैं। वे उस स्थिति के शिकार बने रहते हैं जो सरकारों द्वारा निर्मित होती है। जिसका निर्माण सरकारें संकुचित राष्ट्रीयता और अनुचित शिक्षा-प्रणाली के द्वारा करती हैं। अगर वे उस कला को सीखने और उसका अभ्यास करनेवाले होते और जो यह सीखते कि 'मैं क्या हूँ', तो वे पच्चीस हज़ार से कहीं अधिक सेना-सेवा विरोधियों में होते। यही बात संसार के अधिकतर क्षेत्रों में जीवन के दूसरे पहलुओं पर भी लागू होती है।

इनसान के बचपन से ही उसे 'स्वयं को जानने' के ज्ञान से कई प्रकार के डरों से भर दिया जाता है। शिक्षा के कुछ सिद्धान्त जैसे 'इनाम और सज़ा'' और 'ज्ञान का अभिनय' बड़प्पन के समय व्यक्ति को बड़ा नुकसान पहुँचाते हैं। वे उसमें कुछ खोजने का निरुत्साह व मृत्यु का भय निर्मित कर देते हैं। लेकिन यह हमेशा ही हो, ऐसा नहीं है। मुझे ग्रीनहैम कॉमन का विरोध-प्रदर्शन याद आता है, जिसे स्त्रियों के एक छोटे से दल ने किया था। यह अमरीका द्वारा अपनी 'क्रूइज मिसाइल' उनके देश में रखे जाने के विरोध में था। इन महिलाओं ने यह प्रदर्शन अपने न्यूक्लियर शस्त्रों के विरोध के आधार पर किया था। उन्होंने कहा था कि 'यह डर इस आन्दोलन की केवल शुरुआत है।' हालाँकि न्यूक्लियर शस्त्रों के भय के होने के बावजूद लाखों लोगों ने अभी तक ऐसा कोई विरोधी कदम नहीं उठाया था। किसी ने तब तक यह नहीं सोचा था कि इस तरह के विरोधी कदम उठाने का मुख्य उद्देश्य भय ही हो सकता है। ग्रीनहैम कॉमन की महिलाओं ने इस डर को एक तरफ करके इससे अपने आन्दोलन का आरम्भ किया था। उनका उद्देश्य था कि यह आन्दोलन ''एक ऐसा जीवन जीने के लिए हो, जो जीने के योग्य हो।''[2]

केवल असली शिक्षा ही इसमें मदद कर सकती है

इस प्रश्न के सिलसिले में मेरा पूरा विश्वास है कि शिक्षा अत्यन्त महत्त्वपूर्ण कदम उठा सकती है। आखिर शिक्षा है क्या? इस प्रश्न के उत्तर में जाने से पहले मैं

एक समस्या रखना चाहूँगा। बरसों से वैज्ञानिक और तथाकथित ज्ञानी व्यक्ति वातावरण के प्रदूषण की चर्चा करते आ रहे हैं। उदाहरणार्थ दिल्ली में पिछले पाँच-सात सालों से वृक्ष जैसी चीज़ें अच्छी तरह नहीं दिखतीं। गले और फेफड़ों की बीमारियाँ फैल रही हैं लेकिन न तो सरकार और न ही जनता ने इस समस्या को सुलझाने की कोई कोशिश की है। मैं इस बात से बड़ा प्रभावित हूँ कि वैज्ञानिकों ने इसके खतरनाक पहलू से, इसकी गहराई के बारे में हमें परिचित कराया है। तो भी इस भयानक परिस्थिति से लगभग हर कोई अपनी गर्दन मोड़ लेता है। हममें से कोई यह कहने की हिम्मत नहीं करता कि ''मैं ऐसा नहीं होने दे सकता हूँ।''

यह सच्ची जानकारी पाने के बावजूद ऐसा क्यों हो रहा है? इस प्रश्न का उत्तर मनुष्य के आन्तरिक हृदय और उसकी विकास पद्धति में है। यह तो इससे स्पष्ट हो जाता है कि अधिक जानकारी आदमी को अगला कदम उठाने के लिए सदा प्रेरित नहीं करती। दरअसल जानकारी भी अलग-अलग प्रकार की और कम-ज्यादा महत्त्व की होती है। उदाहरण के लिए : अगर 'क' के पास कुछ करने को नहीं है और वह संध्या के समय कुछ सुस्ती कर रहा हो, तब 'ख' उसके घर आकर कहता है कि एक अच्छी फिल्म टी. वी. पर चल रही है या पास के सिनेमा घर में; तब वह कह देगा ''चलो चलें देखने''। यह उसकी सुस्ती मिटाने या उत्साहित करने का एक साधन हो सकता है। यह कई कारणों पर आधारित हो सकता है, जैसे कि 'क' को फिल्म देखने का शौक है, वह भी किसी ख़ास प्रकार की फिल्म या फिर उसकी इच्छा हो कि वह उस फिल्म के बारे में 'ख' की राय जाने या फिर 'क', 'ख' की संगत को ख़ास चाहता हो आदि-आदि।

यदि वह जानकारी किसी निर्णय तक पहुँचने के लिए ज़रूरी हो तो उसका असर अलग होगा। इसके अलावा अगर उस सूचना को पाने के बारे में ऐसा लगे कि उस पर कदम उठाने से जीवन धन या उसकी छवि पर कोई खतरा है, तो असर बिलकुल अलग होगा। 'क' का व्यवहार इस अवस्था में उसके स्वाभाविक व्यवहार के ऊपर निर्भर करेगा। पहले से ही निर्णय लेने की अवस्था इस बात पर निर्भर करेगी कि उसकी, 'क' की, बोध-शक्ति कितनी विकसित है। जिसके आधार पर वह दंड और दुख का सामना करने की तैयारी के साथ समझबूझकर सामाजिक ज़िम्मेदारी उठा सके और अपनी शक्ति के उपयोग की कितनी लालसा वहन कर सके। सामाजिक प्रश्नों पर या अदालत के क़ानून से सम्बन्धित निर्णयों पर ख़ास प्रकार के कदम उठाने का साहस भी रखता हो।

बहुत से व्यक्ति अपने आन्तरिक व्यक्तित्व को कारगर नहीं बना सकते। ऐसा क्यों होता है? इसका उत्तर है कि आज की जीवन-पद्धति में आन्तरिक व्यक्तित्व को पहचानने का ज्ञान बचपन से ही नहीं दिया जाता। अधिकतर शिक्षा-प्रणालियाँ, मानसिक जानकारी पर ही ज़ोर देती हैं और जाने या अनजाने ही व्यक्तित्व के भावात्मक अंग को तोड़-मरोड़ देती हैं। आज शिक्षा व्यक्ति की केवल तार्किक शक्ति पर ही पूरा-पूरा ज़ोर देती है। जिसके द्वारा हमारा वही भाग विकसित होता है जो तार्किक बुद्धि और भौतिक जानकारी बढ़ाए। इसे, 'इगो' या अहंकार कहा जा सकता है। हम यह भूल जाते हैं कि मनुष्य का व्यवहार हमेशा ही विवेकमय चिंतन पर आधारित नहीं होता है। जीवन को अच्छा और मुक्त व्यक्तित्व प्रदान करने के लिए महत्त्वपूर्ण, बल्कि अधिक महत्त्वपूर्ण शक्ति देने के लिए एक तथ्य भी है, जो 'अविवेक' कहलाता है।

व्यक्तित्व का विकास

मैं एक पुराना उदाहरण देता हूँ। मनुष्य की बुद्धि बर्फ के उस पहाड़ के टुकड़े जैसी होती है जिसका दसवां भाग ही पानी के ऊपर होता है और नौ भाग पानी के अन्दर। ऊपरी दसवाँ भाग 'सचेत' मानस और नीचे वाला नौ भाग का हिस्सा 'अचेतन'। एक तीसरा भाग भी होता है जो बीच में होता है और थोड़ा-थोड़ा ऊपर-नीचे होता रहता है किन्तु वह बहुत छोटा होता है और उसका ज़िक्र यहाँ करने की ज़रूरत नहीं है। इसे 'सब-कांशैंस' कहते हैं। आज की शिक्षा ऊपरी भाग की देखभाल करती है जिसे 'इगो' कहते हैं और पानी के अन्दर वाले को 'इड' जिसमें सारी ऊर्जा रहती है, शक्ति का विकास होता है। सिगमन्ड फ्रॉयड (1940) के अनुसार 'इड' असंगठित होती है और 'इगो' संगठित। 'इड' सुख-दुख से सम्बन्धित है और 'इगो' असलियत के सिद्धान्त से, 'इड' भावात्मक और 'इगो' बुद्धिसंगत। 'इड' प्रारम्भिक भावनाओं से उभरती है जो स्थान और समय के भेदभाव को अनदेखा कर देती है, लेकिन 'इगो' दूसरे स्तर के भेदभाव (काल और स्थान के भेदभाव) पर ध्यान देती है। आजकल की शिक्षा और रहन-सहन के ढँग में 'इड'-केवल अचेतन, बिना असर किए नहीं रहती बल्कि उसे दबाया जाता है।

हरबर्ट रीड इसे अच्छी तरह समझाते हैं। "शिक्षा का पूरा का पूरा आदर्श बौद्धिक है। वह तो और भी अधिक संकुचित हो जाता है, वह 'वैज्ञानिक' हो जाता है। यहाँ तक कि जो विषय उदारतावादी कहे जाते हैं–साहित्य, दर्शनशास्त्र, इतिहास–उनको पढ़ाने का ढंग भी धीरे-धीरे बढ़कर वस्तुपरक हो जाता है और

उसमें से तात्पर्य का माद्दा (शक्ति) बिलकुल निचोड़ दिया जाता है।...

"मैं कुछ हद तक मानता हूँ कि नियमितता के महत्त्व को जो खेलकूद के प्रसंग में सिखाई जाती है, उसका स्थान शिक्षा में है। बल्कि मैं तो यह मानता हूँ कि आज के प्रसंग में वही एकमात्र अच्छा समय है जो विद्यार्थी को मिलता है। किन्तु जो नैतिक साधना इसके आधार पर विद्यार्थी को मिलती है, वह अत्यन्त कम समय के लिए होती है। उसमें कोई गहराई नहीं है। वह किसी प्रकार भी व्यक्ति की कल्पना-शक्ति, उसके भावनात्मक जीवन पर गहरा असर नहीं डालती। खेल की शिक्षा में सदाचार और टोली की भावना अब एकमात्र सामाजिक औपचारिक अंग बन गए हैं। हालाँकि अच्छे खिलाड़ी (स्पोर्ट्स मैन) होने का अर्थ यह होता है कि वे एक अच्छे मानव की तरह हों, जो आचरण और व्यवहार की चिन्ता करें। आचरण का प्रश्न भी आचार-मूल्यवान और सत्यनिष्ठ हो, वह कुकर्मी और अनिष्ट न हो। एक तरफ यह भी सत्य है कि नैतिकता को भी बुद्धिवाद के ढाँचे में डाल दिया गया है और उसे सीमित बनाकर स्वाभाविक होने के बदले तर्क आधारित बना दिया गया है। प्राचीनकाल में प्लेटो और ऐरिस्टोटल ने जब इस विषय पर चिन्तन किया था तब उन्होंने इसे अच्छा व्यवहार, अच्छा काम और उचित क्रियात्मकता कहा था। यह एक गतिशील और परिवर्तनशील वृत्ति के हिसाब से माना गया था। इसे प्रज्ञा और विवेक के हिसाब से समझा गया था। किन्तु मुझे तो यह लगता है कि हमारी आज की शिक्षा-पद्धति उससे दूर हटकर, सामाजिक एकता, सामाजिक प्रेम और मित्रता से हटकर हमें तर्कहीन एग्रेसिव झुंड की तरह समझती है।"[3]

आज की शिक्षा विभाजन करनेवाली है। मिलाने के बदले विभाजित करती है, आपसी मिलन और प्यार के बदले होड़ और घृणा को सहारा देती है, जातिवादी दृष्टि को बढ़ाती है। यह केवल बच्चे की उम्र पर आधारित नहीं बल्कि विशेष प्रकार की प्रतियोगिताओं के नतीजों पर निर्भर होती है। यह एक-दूसरे के साथ होड़ करवाती है जिससे अलगाव का वातावरण बनता है।

इस प्रकार के सामाजिक अलगाव से भला एकता का कैसे निर्माण हो सकता है! जिस समाज में उसके सदस्यों के बीच अपनापन नहीं होगा उससे यह अपेक्षा नहीं की जा सकती कि उसके सदस्यों में सामाजिक ज़िम्मेदारी का भाव हो। वह ऐसा समाज नहीं हो सकता जिसमें मानवों में आपसी लेनदेन और एक-दूसरे की मदद करने की वृत्ति हो। ऐसी हालत में जीवन की सम्पूर्णता असम्भव है।

फ्रायड, उसके अनुयायियों और अनेक मनोवैज्ञानिकों ने विश्वास के साथ दर्शाया है कि मनुष्य के जीवन में कुछ ऐसे तथ्य हैं जिनसे स्पष्ट हो जाता है कि

उसमें कुछ आक्रामक और विनाशकारी वृत्तियाँ भी होती हैं। हम उन वृत्तियों को लेकर जन्म नहीं लेते हैं किन्तु ये बचपन में ही दुनिया के अनुभव से उसमें आ जाती हैं। इनकी शक्ति बालक के प्रारम्भिक विकास की गति के साथ जुड़ी होती है। उसके यह अनुभव अचेतन में जाकर डूब जाते हैं और वह उन्हें भूल जाता है। बाद में ये ही सयाने जीवन में प्रकट होते रहते हैं। अगर ये मूल प्रवृत्तियाँ सहज तौर पर बाहर नहीं आ जातीं तो उनका असर मानसिक तौर पर ध्वंसात्मक हो जाता है। शिशुकाल में अगर व्यक्ति का अपने माता-पिता के साथ सम्बन्ध कठिन होता है तो वह आगे चलकर आसपास के जगत के साथ सम्बन्ध कायम करने में भी कठिनाइयों से जूझता है।

यह विषय एक मायने में दोतरफा है। एक पक्ष तो उसके व्यक्तित्व को बचपन में भीतर समा गए डर और ग्रंथियों से मुक्त कराने का है और दूसरा है सामाजिक एकता बनाए रखने की दिशा में व्यक्तित्व को उन्मुख करने का प्रयास। बल्कि उससे भी कुछ अधिक, यानी प्रकृति और सांसारिक समाज के साथ स्वस्थ सम्बन्धों के प्रति भी उन्मुख होना। हम ऐसी शिक्षा में माता-पिता और शिक्षकों से अपेक्षा करें कि वे बच्चों में, उनके विकास की यात्रा में उनमें बड़ा होने के लिए उन शक्तियों का विकास करें जो सामाजिक सम्बन्धों को बढ़ावा दें।

बच्चों की कला का अनुभव

मैंने देखा है कि जो बच्चे सृजनात्मक प्रवृत्तियों में आनन्द लेते हैं, वे उन बच्चों से अधिक प्रसन्न रहते हैं जो खेल-कूद, हस्तकलाओं जैसे चित्रकला या संगीत में भाग नहीं लेते हैं। ये सृजनात्मक स्वतः स्फूर्त आत्मप्रकटन की प्रवृत्तियाँ उनमें आत्मविश्वास, विकास और आत्मज्ञान की इच्छा को बढ़ावा देती हैं। प्रकृति के नज़दीक होने से उनमें सम्पूर्णता का अहसास आता है। बच्चों की कला उन्हें स्वतन्त्रता के विशाल जगत में प्रवेश देती है, उनके सब गुणों को प्रफुल्लित करती है और सयाने जीवन में सच्चा और स्थायी आनन्द प्रदान करती है। कला बच्चे की भावनाओं को बाहर निकालती है और उसे मानव समाज और प्रकृति का एक अटूट अंग बनाती है।

मैंने बच्चों की कला और शिक्षा के अपने अनुभव से देखा है कि कला-प्रवृत्तियों में एक प्रकार से रोगोपचार की भी शक्ति है, जो व्यक्ति को उसकी आक्रामक वृत्ति से मुक्त करने में सहायक होती है। ग्रामीण जनता के साथ के मेरे अनुभव के अनुसार, जो लोग जमीन से जुड़े होते हैं और खेती-बागवानी करते

हैं, जो लोग अपना रोटी-कपड़ा, कला और कारीगरी करके कमाते हैं, वे युद्ध की किसी भी प्रवृत्ति को नहीं अपनाना चाहते। वे उन लोगों से अलग हैं जो शहरों और गाँवों में बुद्धि-प्रधान कार्यक्रमों में लगे रहते हैं।

सौन्दर्यबोध से सम्बन्धित कार्यक्रमों द्वारा शिक्षा

सबसे अधिक महत्त्वपूर्ण मुद्दा यह है कि हम जब तक अपने आपको एक व्यक्ति के नाते 'सम्पूर्णता' का एक अंग नहीं मानते, तब तक हम 'सम्पूर्णता' का अनुभव नहीं कर सकते हैं। इस अनुभव के बिना हमारा जीवन आनन्दमय नहीं हो सकता। कला विश्व के हृदय के साथ ऐक्य का भान कराती है। अब हम यह देखें कि ऐसी गत्यात्मकता के पीछे क्या तथ्य है।

मैं ऐसे अनेक अनुभवों का वर्णन कर सकता हूँ जो बच्चे को कला के काम में पूरा-पूरा 'एक' बना देते हैं। वे चित्रकला या कलात्मक प्रवृत्तियों के साथ भी वैसा ही सम्बन्ध कायम करते हैं। एक दस वर्ष के बच्चे ने एक बार एक चित्र बनाया जिसमें एक बैल उस पार पेड़ से बँधा हुआ था। एक बच्चा नाले के उस पार जाकर बैल को अपने छप्पर में लाना चाहता था क्योंकि बारिश शुरू हो गई थी। उसके पास एक छतरी थी। बच्चा फिसलकर गिर पड़ा और उसकी छतरी उड़ गई। जैसे-जैसे यह बच्चा अपने चित्र पर काम कर रहा था वैसे-वैसे वह उसे अपने शरीर में अनुभव कर रहा था। उसने चित्र को दूर रखा और उसे अच्छी तरह देखने लगा। मैं अपनी खिड़की से यह सब देख रहा था। चित्र को दूर रखकर वह पीछे उलटा चलता रहा। उसका हाथ ऐसे दिखता था कि जैसे उसने उसमें छतरी पकड़ी हुई थी। उसने अचानक फिसलकर गिरने की क्रिया की और उस छतरी को दौड़कर उठाने की कोशिश की। स्वयं एक कलाकार होने के नाते मैंने अनेक सच्चे कलाकारों से परिचय होने के कारण पूरा-पूरा महसूस किया कि जो कुछ वह बालक कर रहा था वह उसके अपने अनुभव और उसकी असलियत का स्वयं अनुभव था।

भारत और चीन की सौन्दर्यबोध की भावना के अनुसार यह अत्यन्त ज़रूरी है कि कलाकार अपने काम के विषय के साथ एकात्मकता का अनुभव करे। चीनी कलाकारों के बारे में कुमारास्वामी ने कहा है, "चीनी कलाकार केवल देखता नहीं है बल्कि वह तो अपने चित्र के विषय के साथ एकात्मकता का बोध करता है। एक प्रसिद्ध चित्रकार के बारे में कहा गया है कि एक दिन देखा गया कि वह घोड़े की तरह लेटकर हिनहिना रहा है जैसे कि वह स्वयं घोड़ा बन गया हो। बाद में

पता चला कि वह चित्रकार केवल बुद्ध भगवान के चित्र ही बनाता था। मूर्तिमय रूप (आइकन) नकल करने के लिए होता है, बखान करने के लिए नहीं। इसी प्रकार भारत में भी मूर्तिकार मूर्ति के साथ ऐक्य रखता है। ऐसी तादात्मीयता ही सच्ची ध्यानपरायणता होती है। वह जिसमें ज्ञान और ज्ञानी एक-दूसरे में समा जाते हैं, केवल ज्ञानपिपासा ही रह जाती है।''[4]

उपरोक्त जो कुमारास्वामी ने लिखा है, हम भारतीय पाश्चात्यवादियों को अजीब-सा लगे–हमें याद रखना चाहिए कि यह विचार मध्ययुग के योरोप में भी प्रचलित था, जैसा कि दाँते ने लिखा है, ''जो कोई भी एक मूर्ति का चित्र बनाना चाहता है, अगर वह स्वयं वह नहीं हो सकता तो वह उसका चित्र भी नहीं बना सकता।''

कला का अर्थ यहाँ वह नहीं है जो आज आमतौर पर समझा जाता है। हरबर्ट रीड ने लिखा है, ''आज कला आमतौर पर आंशिक और निरंकुश मानी जाती है। यहाँ तक कि वह विश्व-ऐक्य का विकृत रूप भी हो जाती है। अकसर व्यक्तिगत, काल्पनिक और आक्रामक व्यक्तित्व का प्रदर्शन भी करती है। उसका एक रूप वेश्यावृत्तिवाला बन गया है जिसमें उसका सौन्दर्यबोध ओझल हो रहा है।''[5]

मुद्दा यह है कि यहाँ हम ऐक्य का अनुभव करें जिसे लेकर हम जन्मे हैं। प्रकृति से सीखें और अपनी सृजनात्मक शक्ति को बढ़ाएँ। यह ज़रूरी जानकारी और ज्ञान हमें सृजनात्मक शक्ति प्रदान करते हैं। यह सत्य है कि सृजनात्मक सक्रियता का सम्बन्ध बाह्य जगत के साथ ही होता है।

प्रत्येक कदम उठाने के लिए स्वाभाविकता के साथ तैयारी हो। मैं यहाँ उससे कुछ अधिक नहीं माँग रहा हूँ जो मारिया मॉन्टेसरी ने पेरिस में हुए युद्धविरोध के विश्व सम्मेलन 1937 के अगस्त के महीने में कहा था, ''यदि हम बालक को सच्ची शिक्षा दें और उसकी असीम सम्भावनाओं का विकास करें, तभी वह ऐसा इनसान बनेगा जिसे निशस्त्रीकरण और युद्धविरोधी दृष्टि देने की आवश्यकता नहीं होगी, वह ऐसा इनसान बनेगा जो युद्ध और उस मानसिक दुर्दशा को सहन ही नहीं करेगा।''

मॉन्टेसरी एक ऐसी जीवन शैली और ऐसी शिक्षण प्रणाली चाहती थीं जिसके द्वारा सौन्दर्यबोध और शान्ति का विकास मानव में स्वाभाविक तौर पर ही हो। यह बिलकुल वही है जो नन्दलाल बोस ने कहा है और जो इस लेख के प्रारम्भ में है–''संगीत, कला और साहित्य इस प्रकार की दृष्टि देते हैं जो मानव को स्वस्थ, समरसता और छन्दमयता का बोध और अनुभव दे, जिसमें 'एक और अनेक' के जीवन में समरसता हो।'' कोई इसे कल्पनालोकीय कह सकता है। जब कभी एक

नई क्रान्तिकारी विचारधारा का जन्म होता है तब उसे कल्पनालोकीय ही कहते हैं किन्तु क्या हमने यह नहीं देखा है कि संसार में 'कल्पनालोकीय' विचार ही कामयाब हुए हैं!

सन्दर्भ

1. नन्दलाल बोस *शिल्पकथा, दृष्टि और श्रष्टि,* में। विश्व भारती पब्लीकेशन्स कलकत्ता 1952।
2. ई. एफ. शूमाखर द्वारा *ए गाइड फ़ॉर द परप्लेक्सड* पृ. 78।
3. हरबर्ट रीड, *ऐजूकेशन फ़ॉर पीस,* रूटलेज एंड केगन पॉल, लन्दन 1950, पृ. 49।
4. *आनन्द कुमारास्वामी* राजर लिप्सी, कुमारास्वामी वालूयूम सलेकटेड पेपर्स, प्रिंसटन यूनिवर्सिटी प्रेस न्यूजर्सी, 1977, पृ. 309।
5. हरबर्ट रीड, *एजुकेशन फ़ॉर पीस,* रूटलेज एंड केगन पाल, लन्दन, 1950, पृ. 49।

शान्तिमय जीवन के लिए शिक्षा

युद्ध से मुक्त संसार

रूस में संयुक्त राज्य के एक राजदूत ने एक भाषण में पिछले साल कहा था, "हम शस्त्रों पर शस्त्र इकट्ठा करते जा रहे हैं–मिसाइल के ऊपर मिसाइल : एक हिपनोटिज्म के मरीज़ की तरह, जैसे कि हम हर समय निद्रा में स्वप्न देख रहे हों, उन पानी के जानवरों की तरह–जिन्हें लैमिंग कहते हैं–बड़े-बड़े झुंड में समुद्र की तरफ चले जा रहे हैं..."

मैं एक सवाल पूछना चाहूँगा–हम मनुष्य लैमिंग की तरह क्यों व्यवहार करते हैं? हम ऐसा क्यों होने देते हैं? लार्ड माउन्टबैटन ने एक बार पूछा था, "हम खड़े-खड़े देख रहे हैं कि दुनिया का विनाश हो रहा है और उसके लिए कुछ करते नहीं। क्या इन शस्त्रों की दौड़ के लिए, जो स्पष्ट दिखाती है कि हम सामने खड़ी चट्टान की तरफ दौड़ रहे हैं, किसी को इसका जिम्मेदार नहीं ठहरा सकते? और अपनी संगठित शक्ति से उन्हें इस महाघातक रास्ते से रोक नहीं सकते? उन पर ब्रेक नहीं लगा सकते? माउन्टबैटन ने स्वयं ही इसका उत्तर दिया–'नहीं'।"

सन् 1981 की 23 अक्टूबर की संध्या को जिसमें न्यूक्लियर शस्त्रों के विरोध में आन्दोलन किया जा रहा था, निकोलस हम्फ्री ने बी. बी. सी. पर दिए अपने भाषण में कहा था, "मैं यह पूछना चाहता हूँ कि उत्तर 'नहीं' में क्यों दिया गया? मैं एक मनोवैज्ञानिक की हैसियत से मनुष्य की भावनाओं, उसकी बोधशक्ति और उद्देश्यों के बारे में चिन्तन करनेवाला, सोचता हूँ कि जब लैमिंग दौड़ते हैं तब उन पर कोई बाहर की शक्ति ज़ोर नहीं देती। वह अपने चारों पैरों पर दौड़कर अपने विनाश के लिए ऐसा करते हैं। हम व्यक्ति होने के नाते ब्रेक लगा सकते हैं और उस आशंका से वापस हो सकते हैं। यही मुद्दा है जो हमारे इस भयानक कदम को उठाने से रोकता है।

दुर्भाग्यवश ऐसे बहुत कम इनसान हैं जो मानसिक तौर पर इसके लिए तैयार हैं। वे उस ज़िम्मेदारी को उठाएँ और व्यक्तिगत तौर पर उस दौड़ में ब्रेक लगाएँ

और कहें; नहीं, मैं ऐसा नहीं होने दूँगा। एक कलाकार और शिक्षक होने के नाते मैं मानव की इस कमज़ोरी के पीछे के तथ्य को खोजने का प्रयत्न करूँगा।

धार्मिक, शैक्षिक और राजनैतिक मामलों में डर ने सबसे बड़ा और केन्द्रीय रोल निभाया है। उसने हमारी मानवता और संवेदनशीलता को काफ़ी नुकसान पहुँचाया है। डर ने मनुष्य की पहल करने की शक्ति और स्वयं स्फूर्ति को लगभग समाप्त ही कर दिया। डर ऐसी शक्ति नहीं है जिसे मानव आसानी से अन्याय और अनिष्ट के विरोध में इस्तेमाल कर सके। इसका एक स्पष्टीकरण देना चाहता हूँ। वर्ष 1943 में बंगाल में भयानक बाढ़ आई थी। हम कुछ विद्यार्थी एक पास के, बाढ़-पीड़ित गाँव में मदद करने के लिए गए। पानी की ऊँचाई हर मिनट बढ़ती जा रही थी। एक घर देखा जो दो फुट पानी में डूब चुका था। पास में दो बैल बँधे थे और वहीं थी एक गाड़ी। दो छोटे बालक अपने कटोरे में कुछ चिपके हुए चावल के दाने खुरच कर खाने की कोशिश कर रहे थे। घर का वह बरामदा भी पानी से डूबनेवाला था। परिवार आसानी से अपना सब कुछ बटोर कर पाँच-छह मिनट में वहाँ से जा सकता था। जब हम वहाँ पहुँचे तब वे लगभग बेहोशी की हालत में चुपचाप खड़े थे—कुछ भी करने की उनकी वृत्ति नहीं थी। हमने उन्हें यह समझाने की कोशिश की कि वे अपनी चीज़ें बैलगाड़ी में डालकर हमारे साथ किसी सुरक्षित जगह चलें। हमें उनसे कोई प्रतिक्रिया नहीं मिली। वह चित्र मेरे मन में इतना गहरा बैठा हुआ है कि मैं उसे कभी नहीं भूल सकता। उनके सामने मृत्यु खड़ी थी। पास में लोग आते थे और उन्हें समझाने की कोशिश करते थे। तिस पर भी दोनों माँ-बाप पूरी आँखें खोलकर चुपचाप खड़े रहे। पास में एक बूढ़ा, जो शायद उनका पिता था, और दोनों बच्चे बिलकुल भौंचक्के हुए खड़े रहे। उनका हिलने-डुलने का कोई इरादा नहीं था। मृत्यु उनके पास पहुँच गई थी। हमें उन्हें सचमुच पकड़कर, घसीटकर ले जाना पड़ा। ऐसा लगता है कि डर की लकीर में कहीं एक ऐसा बिन्दु है जो सारी इच्छाशक्ति को पूरा-पूरा उड़ा डालता है और जो डर के परे चला जाता है। ऐसे समय व्यक्ति सारी इच्छाशक्ति खो बैठता है।

निकोलस हम्फ्री अपना एक अनुभव बताते हैं—"जब मैं बालक था, मेरे पास एक कछुआ था जिसे हम ऐजेक्स कहते थे। ठंड के मौसम में वह एक दिन घर ढूँढ़ने निकला और जलाने की लकड़ी के ढेर में घुस गया। हमें यह पता नहीं था। मेरे पिता और मैं ढेर में 'गाई फाक्स डे' के लिए लकड़ी जमा कर रहे थे। जैसे-जैसे दिन बीते लकड़ी का ढेर बढ़ता गया। शायद 'ऐजेक्स' खुश हुआ होगा कि उसकी रक्षा बढ़ती जा रही है। वह उससे ओस और वर्षा से मुक्त महसूस करता होगा।

5 नवम्बर को उत्सवाग्नि मनाई गई। तब वह 'बेचारा ऐजेक्स' भी राख हो गया। क्या हममें से कोई विश्वास करता है कि शस्त्रों के ढेर पर ढेर बनाने से हमारी सुरक्षा बढ़ती है? मृत्यु की सम्भावना क्या लम्बे ज़माने से कुछ कम हो जाती है?''

हाल ही में मैंने दुनिया के शान्ति आन्दोलन के विभिन्न कार्यक्रमों का अध्ययन किया था। उससे मैं बड़ा प्रभावित हुआ था क्योंकि उसमें जानकारी और कमाल की अध्ययनशीलता थी। अध्ययनकर्ताओं ने युद्ध के ख़तरों और साधारण न्यूक्लियर शस्त्रों की बड़ी जानकारी दी थी। ऐसा लगता है कि आज हमारे पास हर प्रकार की टैक्निकल और राजनैतिक जानकारी है, जिससे पता चलता है कि यह कितना खतरनाक है। हमारे पास सभी साधन हैं जिसके द्वारा इसका ज्ञान हम दुनिया की आम जनता को अच्छी तरह दे सकते हैं। तो भी जब कदम उठाने का समय आता है तब हम सिर झुकाकर निकम्मे और कायर बने देखते रहते हैं और यह नहीं कह पाते कि-''मैं ऐसा नहीं होने दूँगा।''

नैतिक आत्मानुशासन

धारणा यह है कि युद्ध-मुक्त संसार केवल जानकारी इकट्ठा करने और मानसिक ज्ञान के होने से नहीं हो सकता है, वह तो आध्यात्मिक, आत्मसंयम और सौन्दर्य प्रेरित शिक्षा से ही हो सकता है। वह मनुष्य की मानवता की ओर दृष्टि रखने से ही हो सकता है। एक इनसान जो जानकारी से भरपूर सब तरह के ज्ञान को दिमाग़ में भरकर रख सकता हो और कब किधर जाना है, इसकी ढेर सारी जानकारी रखता हो लेकिन अपनी इच्छा-शक्ति को बस में नहीं रख सकता हो तो वह सच्चे अर्थ में नैतिक-आत्मानुशासित नहीं बन सकता।

ज्ञान और आत्मानुशासन दो अलग प्रकार के सद्गुण हैं। मानसिक सद्गुण सामान्य तौर पर समझे जा सकते हैं, व्यावहारिक विश्वास और प्रथाओं के तौर पर किन्तु चरित्रबल हमारी आन्तरिक शक्ति और मानसिकता से सम्बन्ध रखता है। यहाँ ज़रूरी है कि मैं बताऊँ मैंने यह शब्द 'चरित्रबल' किस अर्थ में इस्तेमाल किया है। 'चरित्रबल' शब्द धार्मिक या अच्छे या बुरे या क़ानूनी विचारों के संदर्भ से जुड़ा हुआ माना जाता है किन्तु 'चरित्रबल' न तो रहस्यवाद है और न ही वह कोई फैसला। यह तो मनुष्य के हृदय का मुक्त निर्णय है। उसकी संकल्पनात्मक इच्छा-शक्ति है। इसकी बुनियाद न तो अन्धविश्वास है और न ही बौद्धिक। इसकी बुनियाद तो एक विशेष प्रकार की साधना में है। समस्या यह है कि इस साधना का कैसे विकास किया जाए, ऐसा विकास जो उचित हो।

मैं उन मनोविश्लेषकों से सहमत हूँ जो अनभिज्ञता को बहुत महत्त्वपूर्ण मानते हैं। उनका यह विश्वास केवल तार्किक पहलू पर आधारित है। किन्तु मैं यह नहीं मानता कि जागरूकता का उद्गम कुछ करने की इच्छाशक्ति को जन्म दे सकता है। जैसा पहले भी कहा गया है कि बावजूद जागरूक होने के कोई ऐसी क्रियात्मकता उत्पन्न हो सकती है जो मन को दुख देती है। क्या हमने अनेक बार यह नहीं देखा है कि बड़े-बड़े मानवशास्त्रियों और मानव व्यवहार के विशेषज्ञों के इस प्रकार के कदम उठाने का राज्यकर्ताओं ने इसका कड़ा विरोध किया है! उनमें से कितनों ने ही इससे रक्षा पाने के लिए अपनी आत्मा को बेच दिया। जबकि वे तहेदिल से यह जानते थे कि ऐसा करना नैतिकता के विरुद्ध है।

एक क्षण ऐसा आता है जब उचित चुनाव मनुष्य की नैतिक-परिपक्वता और आन्तरिक व्यवहार पर निर्भर करता है। आन्तरिक गुण, जिसे मनोवैज्ञानिक एकीकृत व्यक्तित्व कहते हैं, मनुष्य की आदतों से ही विकसित होता है, इनका विकास एक विशेष प्रकार की जीवन शैली से होता है। जिसकी नींव पड़ती है, शिक्षा-व्यवस्था में, घर में, पाठशाला में और समाज में, बचपन से ही डाली जाती है।

अच्छी शिक्षा के लिए सौन्दर्य दृष्टि चाहिए

मेरे सेवाग्राम के अनुभव ने मुझे पूरा विश्वास दिलाया है कि जिन बच्चों को सृजनात्मक प्रवृत्तियों में मन लगाकर समय बिताने की सुविधाएँ मिलती हैं, उनका जीवन आनन्दमय रहता है और वे विकसित और शान्त स्वभाववाले प्रौढ़ बनते हैं। जब मैं यह कहता हूँ कि शिक्षा की बुनियाद सृजनात्मक प्रवृत्तियाँ होनी चाहिए, तब मेरा मतलब यही होता है। यह कला-प्रवृत्तियों में एक-दो घंटे लगाने की बात नहीं है। यह कला को एक 'एक्सट्रा करिक्यूलर' प्रवृत्ति या एक अनिवार्य विषय बनाने की बात नहीं है। यह तो शिक्षा प्रदान करने का मूल सिद्धान्त होना चाहिए। यह 'अचेतन' स्वभाविकता की बात है। यह शिक्षा को, सहज और अचेतन ढंग से देखती है।

प्लेटो ने *द रिपब्लिक* में लिखा है—"जीवनयापन की हर प्रवृत्ति और नैतिक मूल्य मानस की सौन्दर्यबोध की भावना के द्वारा निर्मित किए जाते हैं। वे छन्द, सुस्वरता और समरसता से जुड़े हुए होते हैं। यही गुण चित्रकला, कारीगरी, निर्माण करने की भावना से भी अधिक गहरे यानी जीवित शरीर में और यहाँ तक कि हर पौधे में भी होते हैं। इन सबमें छन्दमय भावना का बड़ा स्थान है। लावण्य,

छन्द और सुस्वर ही ऐसे गुण-तथ्य हैं, जो व्यक्ति को सही निर्णय करने की शिक्षा देते हैं। सौन्दर्यबोध की शक्ति मानव के शारीरिक व्यक्तित्व से स्वाभाविक ही जुड़ी रहती है। ये ऐसे नियम हैं जो जीवन को सरलता और दक्षता प्रदान करते हैं।[1] ''शिक्षाविद् होने के नाते हमारा कर्त्तव्य है कि प्रकृति के इन नियमों को हम शिक्षा का अनिवार्य अंग मानें। संतुलन, सुडौलता और अनुपात मानव अनुभव के बुनियादी तत्त्व हैं। ऐसे तत्त्व हैं जो सुगठित रखते हैं और इन्हीं के स्वभाव के कारण मनुष्य के जीवन का रूप बनता है। इनकी प्रकृति ऐसी है जो मानव में लावण्य और कुशलता जैसे गुणों को स्थान देते हैं। जो विचार ठीक लगता है, वही सही काम करता है। उसका नतीजा भी मनुष्य के चैतन्य और सौन्दर्यबोध से सम्बन्धित है।

उस शिक्षा-व्यवस्था में जिसमें स्वतःस्फूर्ति पर आधारित कलात्मक प्रवृत्तियाँ शिक्षा का आधार होती हैं, उसमें शिक्षक और विद्यार्थी का सम्बन्ध भी आम शिक्षा-प्रणाली से अलग प्रकार का होता है। वह सम्बन्ध एक सृजनशील व्यक्ति का दूसरे सृजनशील व्यक्ति के साथ होता है, शिक्षक और विद्यार्थी का नहीं। उसमें एक अधिक अनुभववाला होता है और दूसरा सीखना प्रारम्भ करने वाला। मार्टिन ब्यूबर ने अच्छे शिक्षक होने के गुणों का बखान किया है।[2] वे कहते हैं कि जो असल में चाहिए, वह है सच्चा वार्त्तालाप जिसमें दोनों बाजू समान हिस्सेदार हों। ब्यूबर अपेक्षा करते हैं कि शिक्षक संकोच के बिना वार्त्तालाप का प्रारम्भ करे। अपने साथी-विद्यार्थी से ऐसे प्रश्न पूछे जिनका उत्तर वह स्वयं भी नहीं जानता। विद्यार्थी अपना उत्तर अपने अनुभव और अपनी राय की बुनियाद पर दे। शिक्षक विद्यार्थी को अपने अनुभव के आधार पर उसके प्रश्नों के उत्तर दें। सृजनात्मक प्रवृत्तियाँ केवल ऐसे सम्बन्ध पर ही स्वतःस्फूर्त उभर सकती हैं। ऐसा सम्बन्ध उस वातावरण में नहीं बन सकता है जो विभाजनात्मक हो—मनुष्य के बीच मनुष्य का और मनुष्य और प्रकृति के बीच का। वह तो बड़ा विनाशकारी ही होगा।

आशा है कि कोई पाठक मेरे इस कहने का अर्थ यह न निकाले कि जैसे ही सृजनात्मक प्रवृत्तियाँ शिक्षा का केन्द्र बन जाएँगी, वैसे ही हमारे संसार से युद्ध चला जाएगा। मैं केवल यह कहना चाहता हूँ कि मानव जाति शान्तिमय जीवन के लिए अपनी बुद्धि और हृदय को तैयार करे, ऐसी हिम्मत बनाए कि वह प्रेम और एकता के पथ को ही चुने, मानव समाज में घृणा न रहे और उसे बिखरने से बचाए।

मैं यह कहना चाहता हूँ कि उस प्रकार के विकास के लिए हमें सृजनात्मकता को अपनाना होगा। जब तक अधिक से अधिक स्त्री-पुरुष यह नहीं समझेंगे कि हमारे हृदय नैतिक दुर्दशा से दूर रहें और युद्ध का पूरा-पूरा ख़ात्मा हो जाए, जब

तक वे अपने हृदय में भलेपन और छन्दमय वृत्ति पैदा नहीं करेंगे तब तक मनुष्य धोखा खाता रहेगा और हार मानता रहेगा।

शान्ति प्राप्ति का एक ही रास्ता है और वह यह है कि हमारा उद्देश्य शुरू से ही मानव एकता की स्थापना और शान्तिमय ऐक्य हो।

सन्दर्भ

1. *प्लेटो, द रिपब्लिक,* पेंग्विन बुक्स 1980।
2. मार्टिन ब्यूबर, *बिटवीन मैन एंड मैन,* केगनपॉल लन्दन, 1947, पृ. 83-117।

लेखों का मूल

1. *वॉट इज एजुकेशेन* एक सेमिनार का भाषण, ऐलीमेंट्री एजुकेशन, शेपिंग ए विजन (लेडी श्रीराम कॉलेज, नई दिल्ली-2001)।
2. *आर्ट, द बेसिस ऑफ एजुकेशन* देवी प्रसाद, नेशनल बुक ट्रस्ट, नई दिल्ली, 1981।
3. *सीड्स ऑफ ग्रोथ,* द जर्नल ऑफ साइकोलाजिकल फाउंडेशन, वाल्यूम 2, नई दिल्ली, दिसम्बर 1999।
4. *विंडो टु द वर्ल्ड ऑफ चाइल्ड,* नेशनल इंस्टीट्यूट ऑफ डिज़ाइन, दिसम्बर 1991।
5. *गांधी द एजूकेटर* फिफ्टी मेजर थिंकर्स ऑन एजुकेशन, रूटलेज लन्दन 2001, पृ. 219-224।
6. *गांधीज़ नई तालीम* कपिला वात्स्यायन गांधी नेशनल सेंटर फ़ॉर आर्ट्स, नई दिल्ली 1998, पृ. 171-190।
7. *टैगोर्स वार्निंग,* गांधी विज्ञान न. 1, नई दिल्ली, अक्टूबर 1983, पृ., 30-38।
8. *गांधीज़ एजुकेशन रेवोल्यूशन,* कृश्चियन एक्शन, लन्दन 1969, पृ. 10-14।
9. *ट्रू एजुकेशन, इज़ एजुकेशन फ़ॉर सत्याग्रह* लन्दन 1980।
10. *एजुकेशन फ़ॉर ए नॉन वायलेंट सोशल आर्डर,* कोडाल पब्लिकेशंस, मदुरा, 1977, पृ. 169-180।
11. *एजुकेशन फ़ॉर ह्यूमन राइट्स एंड सोशल रिसपॉन्सिबिलिटी, द इंडियन जरनल ऑफ एडल्ट एजुकेशन* वाल्यूम 46 न. 4, नई दिल्ली, 1987, पृ., 48-52।
12. *क्रियेटिव हेंस ए पीसफुल सोसाइटी* कपिला वात्स्यायन, नई दिल्ली 1999, पृ. 57-68।
13. *एजुकेशन फ़ॉर ए पीसफुल वर्ल्ड* लन्दन, 1981।

देवी प्रसाद की प्रकाशित पुस्तकें

1. देवी प्रसाद, *बच्चों की कला और शिक्षा* (हिन्दी), आल इंडिया सर्व सेवा संघ प्रकाशन, वाराणसी, 1959।
2. देवी प्रसाद, *पगडंडी* रवीन्द्रनाथ टैगोर की पुस्तक 'लिपिका' का हिन्दी अनुवाद, राजपाल एंड संस, दिल्ली, 1961।
3. देवी प्रसाद, *पीस मेंकिंग एंड पीस एजुकेशन, ए बिबलियोग्राफी, ए मिमियोग्राफ्ड पैम्फ्लेट,* वार रजिस्टर्स इन्टरनेशनल, लन्दन, 1963।
4. देवी प्रसाद और टोनी स्माइथ, *कॉन्सक्रिप्शन : ए वर्ल्ड सर्वे,* वार रज़िस्टर्स इंटरनेशनल, लन्दन, 1968।
5. देवी प्रसाद (सम्पादक), *हैंडबुक ऑफ ह्यूमन राइट्स,* वार रज़िस्टर्स इंटरनेशनल, लन्दन, 1968।
6. देवी प्रसाद, *ग्रामदान : द लैंड रेवोल्यूशन ऑफ इंडिया,* वार रज़िस्टर्स इंटरनेशनल, लन्दन, 1969।
7. देवी प्रसाद, *दे लव इट बट लीव इट : एमेरिकन डेज़रटेर्स,* वॉर रज़िस्टर्स इंटरनेशनल, 1971।
8. देवी प्रसाद (सम्पादक), *फिफ्टी इयर्स ऑफ वॉर रेज़िस्टेंस : वॉट नाउ?* वार रज़िस्टर्स इंटरनेशनल, लन्दन, 1972।
9. देवी प्रसाद, *पीस एजुकेशन और एजुकेशन फ़ॉर पीस* गांधी पीस फाउंडेशन पब्लिकेशन्स, नई दिल्ली, 1984।
10. देवी प्रसाद, *रवीन्द्रनाथ की शिक्षा और चित्रकला,* नेशनल बुक ट्रस्ट, नई दिल्ली, 1986। इसका अनुवाद अंग्रेज़ी और बंगाली में भी प्रकाशित हुआ है।
11. देवी प्रसाद, *रवीन्द्रनाथ टैगोर : एजुकेशनल फिलॉसोफी एंड पेन्टिंग,* नेशनल बुक ट्रस्ट, नई दिल्ली, 2000।
12. देवी प्रसाद, *नई तालीम का संदेश,* गांधी पीस फाउंडेशन, नई दिल्ली, 1988।

13. देवी प्रसाद, *कंटेम्परारी इंडियन पॉटर्स सिरेमिक आर्टिस्ट्स—ए डाइरेक्टरी,* 1996-97, आदित्य चन्द्र प्रकाशन, नई दिल्ली, 1996।

14. देवी प्रसाद, *आर्ट : द बेसिस ऑफ एजुकेशन,* नेशनल बुक ट्रस्ट, नई दिल्ली, 1988। इसका हिन्दी अनुवाद *शिक्षा का वाहन : कला,* 1999।

15. देवी प्रसाद, *पॉट्र्स मेक आर ओन टूल्स एंड इक्विपमेंट,* मोजेक बुक्स, नई दिल्ली, 2005।

16. देवी प्रसाद, *एजुकेशन फ़ॉर लिविंग क्रियेटिवली एंड पीसफुली,* स्पार्क इंडिया, हैदराबाद, 2005।

17. देवी प्रसाद, *वॉर इज ए क्राइम अगेन्स्ट ह्यूमेनिटी,* वॉर रजिस्टर्स इंटरनेशनल, लन्दन, 2005।

18. देवी प्रसाद, *रामकिंकर वैज : स्कल्पचर्स,* तूलिका, नई दिल्ली, 2007।

19. देवी प्रसाद (अनुवादक), *नन्हा राजकुमार, एन्होनी द सेंट एक्सूपेरी* राष्ट्रीय अनुसन्धान और प्रशिक्षण परिषद्', नई दिल्ली, 2007।

●●●